救済の文学

田畑書店

救済の文学　◎　目次

Ⅰ　救済の文学

Ⅱ　日本の文芸において

Ⅲ　文学史研究

救済の文学

I

救済の文学

ドイツの自伝小説と日本の私小説

私小説とは何かとの問いは、その発生時から投げかけられ、様々なことが言われている。そこには、大きく分けて二つの意見があるように思われる。一つは、私小説とは、私について書かれた小説全般に適用され、日本のみならず世界各国に存在するというもので、もう一つは、日本に独特のものであるという意見である。よく言われるのは、ドイツの自伝小説との関連とジャン＝ジャック・ルソーとの関連だが、それがどのように私小説と関係しているか明確に説明する文章に私はぶつかったことがない。自伝小説と私小説の関係は曖昧にされている。しかし、もしドイツの自伝小説と日本の私小説を真面目に考えるなら、結局その発生に目を向けるしか方法はないだろう。

ドイツの自伝小説の流れは、他の国との関係性が皆無とは言えないまでも、やはりドイツ精神の具現である。特に敬虔主義と、その影響を受けたドイツ・ロマン主義の系譜にあるが、多くの識者も言う通り、ドイツ神秘主義まで時代を遡らなければならない。魂における神の子の誕生を論じたエックハルトからゾイゼ、タウラーを経て、クザーヌスにおいて関心は人間の内面へとさらに深められ、後に間接的にマルティン・ルターへと引き継がれてヤコブ・ベーメへと至る、その道である。彼らは、エックハルトが個人の魂における神との合一を論じ、峻別し難い神と魂の一致を見た時に、今まで外に向けられていた関心が、自己自身の内にあるとして、内面を掘り下げるようになった。さらにクザーヌスが、人間を含めた世界が、神の展開であり、神の有限的な像であって、同時に人間や宇宙の有限性も神の中に限定的に内包されると主張する際、ここに近代的自我に対する洞察が行われる。エックハルトやクザーヌスがドイツ精神の真の創始者と位置付けられたり、近代を準備したと言われるのは、この自我への鋭い洞察による。この神秘主義的傾向が、ドイツでは極めて強い。

後にルターをはじめとした、宗教改革に関わった人々がアウグスティヌスを強調したことからも明らかなように、人間の内面が語られて、信仰は心の問題に帰されていく。ここに近代的自我の芽生えが見てとれるが、しかし、この傾向も後に堕落した。その改革に乗り出したのが、敬虔主義と呼ばれる一群であった。彼らは再生や覚醒を強調しながら、信仰の面での厳格さを備えて、活動を行った。ドイツ神秘主義の流れは、正統のルター派よりもむしろ敬虔主義の方に顕著に現れている。彼らは、同じく厳格な傾向を持ったピューリタンにも増して、神秘主義との関係が根深い。自分の内面に神を見、それゆえに己の魂の変遷に並々ならぬ関心を持ったのだ。

ドイツの自伝小説は、元はと言えば、神秘主義的な関心から生じた。私が知るだけでも小説と言えるか定かではないが、少なくとも自伝という形で、シュペーナー、フランケ、アルントなど、数多くの敬虔主義者によって書かれたものがある。彼らの自伝は信仰のための手段として限定されているが、ジャン＝ジャック・ルソーよりも早い時期に書かれ、ロマン主義の時代が準備される。ルソーが信仰とは別の角度から自伝を記し、近代的な自伝の幕が開いたのは疑い得ない。しかし、宗教的な告白文学は、中世末期ごろからの神との合一に関わる神秘思想への関心に大きく促され、個人の魂の記録として、ルソーと同じように、ドイツ・ロマン主義を準備した。ドイツで敬虔主義の洗礼を受けなかった人などほとんどいなかったとしばしば言われるが、ゲーテが敬虔主義者であったアルノルトを読み、大きく感化されたように、その影響は、ドイツの精神に強く現れた。

　ロマン主義がこれほどまでにドイツに深く根付いたのは、一面この敬虔主義の流れによるものだろう。厳格な敬虔主義の父の下で育てられたノヴァーリスが、無限を追い求め、内面の神秘を求めるところは、敬虔主義的であると同時に、ドイツ・ロマン主義の中心に座るものである。彼らの関心は、内面がいかに成長、ないしは発展していくかということで、そこには人間の魂が神秘的なものであるという、極めて積極的で肯定的な面が覗かれる。敬虔主義からロマン主義に至るまでに書かれた自伝、あるいは小説形式の自伝の多くは、外的な出来事を通じて、一個人の思想や観念がどのように形成されるか、という興味に基づく。これはゲーテが「個人は、自分と自分の時代を知らなくてはならない」と述べる精神にも現れている。彼らが記す自伝は、外的な出来事と、それによって起こる内面の変化を見るものだから、短い時間の出来事を記すだけでなく、それなりに長いスパンの人生を見て多くの出来事を取り扱い、一人生における魂の変遷を描くのである。そしてこの中で一人称によって書かれたものが、イッヒ・ロマンと言われる。従って、同じ長編でも島尾敏雄の『死の棘』のように、一事件を扱ったものとは根本的に異なる。さらに、彼らが書く自伝は、自分が体験した苦痛を心理学的に探って、人間教育に役立てようとする啓蒙主義的な側面を持っている。ゲーテより先、主人公の魂の変遷に焦点の置かれた小説が、ディルタイなどによって教養小説（ビルドゥングスロマン）と言われるのは、この啓蒙的側面を強調したからである。教養小説は、いわば中世以来のドイツ的な文学様式として、二十世紀以降も継続して書き継がれ、トーマス・マンや、特にヘルマン・ヘッセに至るまで、その強固な伝統を保ち続けている。敬虔主義の伝統が根深いドイツの南西部で、敬虔主義の牧師を親に持ったヘッセは、当初は親の思想に反発しながらも、教養小説を書き続け、『デミアン』以後はより内面への洞察を深化させた。彼の小説が、例えば『シッダールダ』や『ナルチスとゴルトムント』（『知と愛』）のように――これらは自伝小説ではないが――、思春期から老年期までの長いスパンを取り扱うのは、これまでのドイツの自伝小説がそうであったように、人間の魂の形成と発展とをそこに記したいがためである。

一方、日本の私小説には、平安期以降の日記文学など、日本の伝統が影響を及ぼしていることは疑い得ないが、やはり明治時代後期の自然主義の流行にその端を発する。しかしながら、それはゾラの自然主義に関係しているものの、科学的手法で社会を暴露する、彼の観念とはまるで異なっている。ゾラは人間を直接描かずに、人間を構成する社会を描こうと試み、一切の感傷を排除したが、日本においては、科学的見地は問題にされなくなり、社会の暴露が見事に反転して、個人の暴露という方向に変わったのである。ゾラ流の社会の観察は、むしろ永井荷風の方に強く現れ、日本の自然主義は個人と感情に傾き、西洋ではロマン主義的と考えられる概念が加わった。島崎藤村や岩野泡鳴がロマン派の詩人としてキャリアをスタートしたことからも明らかなように、ここに大きな倒錯がある。この変化がなぜ起きたのか。おそらくそれは、日本の文芸の伝統によるものだろう。個人を暴露的に書くという日記文学の伝統は少なからずあって、西洋から自然主義がもたらされた時に取捨選択して、自分に合う形を獲得した。移入する際に、その土地の風土や伝統に合わせられると考えるのは、至極真っ当な考え方である。

　このように、社会の暴露から個人の暴露へと突き進んだ日本の自然主義文学は、それをより深化させて私小説の伝統を形づくった。私小説はその発生した時の、田山花袋や近松秋江などの作品を読めばわかるように、一つないしはいくつかの絞られた出来事を通しての、現実に即した個人の心理と行動の暴露という面を強く持っている。これは先に見たドイツの自伝小説とは根本的に、発生と内容とが異なっている。『蜻蛉日記』が帰ってこない夫と、待つ妻の様子を、その出来事に絞って書いているのと同様に、それは私小説にまで連続して言えることである。これらは女房的文学と言われるように、場所も時間も極めて短いスパンで書かれることが多い。無論、例外もあるだろう。例えば嘉村磯多が『中央公論』に掲載されて狂喜乱舞し、卒倒したことで有名な「途上」という作品は、思春期の比較的長い期間を取り扱い、自らの人格形成に関わる事柄が書かれているから、ドイツの自伝小説に極めて近い。さらに森鷗外が自身ではっきり主張して自然主義文学と峻別したように、『キタ・セクスアリス』は一見暴露的で、その点、日本の私小説風でありながら、ドイツ文学に造詣の深い彼ならではの手法で、ドイツの自伝小説を意識して内面の変遷が辿られているため、本人が冒頭で述べているごとく、私小説と同一には考えにくい。鷗外の「妄想」や室生犀星の「幼年時代」、芥川龍之介の「大導寺信輔の半生」も同様である。

このように、ドイツの自伝小説と日本の私小説とは、その発生も関心も方法も全く異なっており、決して同一視することはできない。私小説を、日本の自然主義の系譜にあって、一つないしは時間を限定した出来事における、暴露的傾向と心境の吐露に絞って狭い意味で定義をすれば、それは日本に固有のものと言える。ゲーテやヘッセが私小説を書いているなどというのは、断じてあり得ない。あれは歴とした自伝小説である。ただそのような限定をしないのなら、「私」を書く小説は、世界の至るところに存在している。

救済の文学——何故、私小説は一部の人から熱狂的に迎えられるのか

I

近代において人文学は、ルネ・デカルトが、考える主体（スジェ）と客体（オブジェ）を設定したことによって、はじめて船出の時を迎えた。無論、その萌芽をトマス・アクィナスにみる研究者もいれば、マイスター・エックハルトやニコラウス・クザーヌスのドイツ神秘主義に重きを置く人もいて、中世の普遍論争を重要視している学者もいる。

しかしながら、デカルトの存在は決定的であった。彼がはじめて思考する主体と客体を設定した時から、時を経るに従って、考察の対象は、客体から、次第に主体へと移行し始めた。客体の考察から、客体と主体を媒介するテクストの考察、そして客体に向き合う主体の考察へと人文学は進んで行った。

神学ではこの傾向は顕著にみられた。観念論的神学から、特にシュライエルマッハー以後に見られるテクスト解釈を経て、二十世紀のルドルフ・ブルトマンの非神話化による実存論的解

釈、一九六〇年前後からの解放の神学は、客体というよりはむしろ、受容する主体を考察した。

哲学は順番にやや違いがあるが、ほとんど同じ段階を踏んでいる。ヘーゲルの観念論に応答する形で、キルケゴールなどに実存主義の萌芽が見られ、二十世紀初頭に客体から主体への伝達を扱う現象学と解釈学が生まれて、マルティン・ハイデガーなどの実存哲学が大きく花開いた。

文芸批評でもまた、神学、哲学と同様であった。サント・ブーヴに始まる文芸批評は、まず主体（読者）に対する客体（作者や作品）の批評から始まった。そこから異化作用を考え出したロシア・フォルマリズムから、構造主義などのテクスト分析に重きを置く一群が現れ、一方で実存主義もあり、一九六〇年代には、ドイツにヤウスやイーザーが現れ、受容理論が生まれた。この理論は、客体（作者や作品）よりも受容する主体（読者）に重きを置くものである。

ここに見られるように、近代の人文学での考察の対象は、客体から、客体から主体への伝達作用、さらには主体へと移行してきた。この経過がいわゆる人文学におけるモダンであって、その後にポスト・モダンが現れるようになったのだ。

ことに日本においては、ポスト・モダンが強調されすぎて、人文学におけるモダンとはなんだったのか、という議論は随分と希薄だったように思われる。特に文芸批評における受容理論は、見事に飛ばされ、ほとんど受け入れられなかったのではなかろうか。

私はこの受容理論には、応用と発展の可能性があると考える。以下に記すのは、「日本の近代文学のジェネラル・ライン」（平野謙）として添えられた私小説と、その読者との受容の関係についての一考察である。

Ⅱ

日本の近代文学の歴史は、明治時代末期から絶え間なく続く私小説と、それに反発しようとする対抗勢力との、相克の歴史であった。久米正雄によって私小説でなければ純文学ではないと言われ、大正時代に隆盛を極めた私小説は当時から様々な反対意見に合っていたが、昭和を迎える頃になるとプロレタリア陣営によってはじめて甚大な被害を被り、自然主義文学に連なる私小説を書いた徳田秋声や、心境小説の代表的作家であった志賀直哉は一時影を潜め、私小説の祖の一人と称される田山花袋は、プロレタリア勢力隆盛の真っ只中、志半ばで命を落とした。

私小説はしばしば、極めて日本的な文学と言われる。その感傷性と思想が希薄な側面は、他の国には見当たらない傾向である。戦後日本から受容した近代文学に潜む、私小説的な傾向を嫌悪して、大きな主題を持つ文学を手に入れようと試みた、韓国文学界の反応は両者の相違を明確にしている。

従って、私小説に対する攻撃は、常に海を越えてやってきた。プロレタリア文学を筆頭に、戦後に私小説の批判を繰り返したマチネ・ポエティックや近代文学の同人たちは、海外の新思潮に影響を受けながら、様々な角度から既成の私小説を乗り越えようと試みた。その中での批判は、古くは戦前の小林秀雄にみられるような、社会との繋がりの欠如、思想性の希薄なこと、さらには創造性が少ないことなど様々で、いわゆる知性や倫理面での欠陥が、そこには浮きぼりにされていたのである。

文学とは何かといった時には、今までは必ず知的側面や倫理的側面が論ぜられてきた。夏目漱石が徳田秋声の『あらくれ』に対して「フィロソフィー」がないと言ったり、漱石の弟子筋に当たる赤木桁平が、遊蕩文学を「人間の理知もしくは意思によって統制せられる生活を蔑視」し、あまりにも「主情的」であると評したり、さらには柄谷行人が『近代文学の終り』を宣言したのは、全て同一線上にある問題提起であった。

私小説の多くがこれらの要素を備えていないのは、見るに明らかであるが、それでは何故、私小説が人々の間に受け入れられ、一部の人を惹き付けたのか。ただ面白いから読んでいるとの意見もあるに違いない。しかしながら、私小説の愛読者が今までに示した作品に対しての接し方は、他の小説とは随分と異なっていたのではないだろうか。知的、倫理的要素の少ない私小説が、読者にどういった影響を及ぼしているか、そのような受容の理論を考えて初めて、このジャンルの小説の属性が考えられる。

まず私小説の愛読者には、物語を反復して読むという特徴がある。それについて上林暁は次のように述べている。

私小説にはそういう面白さはなく、最初から単調なものであるがつづけて読んだり繰り返し読んだりしても飽きが来ず、かへって味を増すところに、真の私小説のだいご味があるのではないかと、私は考える。

（上林暁「私小説十年」）

どんなに面白い小説や映画でも、複数回見る気にはならない作品がしばし見受けられるだろう。例えば劇的な終結がある作品では、その筋がいかに見事であっても、一回見てしまうと面白みが無くなってしまうことがあるが、それとは反対に上林は、私小説に繰り返し読んでも飽きが来ないで、味を増す特徴を垣間見る。この意見と同様の見解は、現代の私小説家にも共有されている。

佐伯一麦は、離婚と子供たちとの離別を経験し、心が弱っている際、佐伯の故郷である仙台に遊学していたこともある岩野泡鳴に勇気づけられたと書き（『まぼろしの夏』）、また西村賢太は、二十九歳の時に暴力沙汰を起こし、留置場に入れられ、ふと手にした、大正期の私小説家藤澤清造の作品を読み、救われたような経験をしたことを綴った。両者が語る岩野泡鳴体験、藤澤清造体験は私小説に特徴的な救済体験を現していた。

ここに、私小説の愛読者が、繰り返し読んでも飽きが来ないことに対する問いの答えが隠されている。つまり、私小説は作者の大部分に作者が経験したことが投影されているため、読者はそこに自分の立場や経験を重ね合わせ、落ち込んだ時や、無性にやる気が無くなった時、寄り添ってくれる対象として私小説を求め、何回も読むことによって、弱った自らの魂を慰めるのである。

これに関連して、私小説の実作者ではないが、私小説を偏愛する愛読者として『市井作家列伝』を記した鈴木地蔵は、実に興味深い言説を残している。

文学に慰藉を求めるのは、鑑賞の邪道かもしれぬが、一つの方途ではあろう。私の小説鑑賞は、じつはそれにつきるのである。若い時は、文学上の名作・大作と呼ばれる東西の作品を、いわば義務感で読んでもみた。それはそれで私に多少の文学的知識を与えてはくれたが、受験勉強の暗記ものみたいなもので、味読できたとはいえない。小説を読み込むには、読者はそれなりの人生経験が必要なのではないか。少なくとも凡庸な私には、作家のねらいを読みとるには、頭脳だけでは足りなかったといえる。

かつて私は、小型トラック一台分の書物を古本屋に払い下げてしまったのだが、あれらの本は、私の心を慰めてくれるものではなかった。今ではそう思って、自ら諦めてもいるのだが、ある真実をうがっていそうな気もするのだ。

（鈴木地蔵『市井作家列伝』）

私たちは孤独感や無力感を感ずる時、あるいは心がひどく傷ついている時、親身になってくれる人を求めることがある。その際、親身になってくれるかどうかが第一の条件で、美人だとかキャリアだとかいう問題は二の次の状態であって、側にいてくれる相手は、最も安心できる相手でなくてはならない。知的に興味をそそられるというよりも、隠し事なく付き合ってくれる人が最良の相手なのだ。この比喩は、他の純文学作品と私小説が、決定的に異なる一つの要因を示唆している。

Ⅲ

一般に言われる文学作品の場合と、私小説との間には、知と信の問題が隠されている。知は知ること、信は信じることと解していただいて構わない。

知と信の構造を読み解くには、異性関係を例にとるのがわかりやすい。異性との恋愛関係は、まず知の段階から始まる。気になる相手がいると思えば、その人の名前が知りたくなり、どのような性格なのか気になって、それを探ろうと努力する。興味のある相手との初めてのデートが新鮮なのは、相手のわからない部分を知ることも非常に大きい。些細な喫茶店での会話でさえ、妙に新鮮な刺激を与えてくれる。ドキドキするというのは、明らかにこの知の段階に当たる。知の段階は知らない状態から、相手を知っていく段階なのだ。

従って、最初のドキドキ感は、交際相手との付き合いが長くなればなるほど、徐々に薄れる。が、中でも一つの例外は、相手に他の異性の影がちらつく場合である。だから知の段階の究極的な形は不倫による異性関係となる。不倫は秘密が保持され続けるため、完全に自らを知られ尽くすことがない。自分と会っていない間は他に家庭があるのだから、そこに自らの知は及ばない。知の段階は、自己のある側面が全てさらけ出されないで隠されている。よって知の段階は、一方で官能的である。

恋人同士が長い年月を過ごし、結婚などするようになると、今度は知的な欲求は薄れ、いわゆるドキドキはしなくなってくる。知の段階は時間を経て信の段階へと移行する。しかしながら、どのカップルも信の段階に移行するわけではない。相手が信じるに値しないと思うようになったり、自分が相手と一緒にいることに嫌悪感が出てくるようになれば、そこで二人の関係は破綻する。

段階の移行で必要になってくるのは、恥を開示することである。恥は、自分がある共同体から疎外されないようにするための、自己防衛の手段になっている。ある国で当たり前だと思われている事柄が、他の国に行けば恥ずかしいことであるという事例が往々にして存在する。これは一個人の関係性の中でも同様で、肉体的にも精神的にも自らを開示するようにならなければ、次の段階には移行できない。恥を晒して信の段階に移行するわけだから、ここにはすでに官能の問題はない。恥ずかしさは官能の源である。禁断の果実をとる前のアダムとエバの間に、エロスの問題は存在しない。その代わりに、信の段階では互いの距離が最も近くなり、どんな苦をも共有する可能性を秘めている。

距離が無くなることは、そこで相手を客観的に見られなくなることを意味する。対象に限りなく近づくことで、知的認識は低下するのだ。これはすぐに誰でも確かめることができる。例えば今、目の前に赤いコーヒーカップがあるとする。そのカップを手にとって、目に近づける。するとどうだろう。極限まで近づけたら、それが何であるか認識することができないのではないだろうか。カップの色くらいは確かめられるかもしれないが、どのような形をしているのか、どのような模様が描かれているのか、以上のような知的な情報は一切頭の中に入ってこないようになる。これは物理的な距離に対しての認識能力の程度の問題であるが、精神的なレベルに置き換えても全く同様のことがいえる。

つまり、知の段階は、相手を全体として認識できるほどの精神的な距離を必要とし、そうであるがゆえにこの段階は、精神的な寄り添いを達成できない。知の段階とは言い換えれば、視覚の段階でもある。先程のコーヒーカップの例でも明らかなように、限りなく対象に近づけば、視覚は全く作用しなくなり、相手を認識してそれを知的に分析することが不可能になる。プラトンの洞窟の比喩でも明らかのように、理性は視覚の問題として考えられた。哲学や思想は視覚の段階であって、対象との距離をある程度保とうとする。ところが信に重きを置く、ユダヤ・キリスト教思想になると、神を見ることはできないと考えられる。神は視覚の範囲をはるかに超えており、それゆえ同時に寄り添う存在として考えられるのだ。視覚は近づくほどに、その認識能力を低下させ、限りなく接近すると、対象物を知的に認識することは不可能となる。

IV

相手との距離を保ち、知的な欲求を促すもの、要するに思想をそこに見ることのできるものを、知の文学としての純文学の一側面だとすれば、読者に寄り添い苦楽を共にする信の文学の典型が、私小説ということになる。読者と作者との距離が、そのまま知と信の問題へと連なる。なるべく自分の姿を晒した作品の方が、この理論でいうと読者に寄り添う。

ところで私は、私小説をその他の文学と同じように考えることには、少し抵抗を感じていた。自分の経験を変形させて、そこに思想性を盛り込むのであれば、それは立派な文学といえる。自分の経験を投影させるという点では、むしろほとんどの文学は、この段階を踏んでいると言ってもよい。どのような小説であろうと、少なからず自らの経験の反映があるからだ。よって、どこまでを私小説と考えるかは、人それぞれ異なるが、その点、私がこれから論じようとする私小説は極めて狭い範囲のものといえる。それは第一に、日本の自然主義的なリアリズムを底としていて、なるべく自分を晒して書き、それゆえに自らの醜い面までさらけ出している作品を、典型的な私小説だと考えているからである。

この考えに従うと、志賀直哉にはじまる心境小説の多くは、前章にもあったように、自分の本来の姿をそれ程さらけ出してはいないため、信の段階に到達しているとは言い難い。この点、私の考えは、平野謙が論じたこととほとんど同じだが、解釈から出た結果は、全く逆のことを示しているといってもよい。

平野は評論「私小説の二律背反」において、志賀直哉を筆頭とする心境小説を〈救いの文学〉とし、葛西善蔵などの私小説を〈滅びの文学〉としているが、平野の言明は実作者を対象に述べていることであって、読者を対象として考える時、実作者を滅ぼす文学と考えられたものが、翻って読者を救う文学となる。これはイエス・キリストが自らは晒し者となり犠牲となったのに対し、イエスを信ずる人にとっては、救いの人になったことと同様である。

それゆえに私はむしろ、心境小説よりも私小説の方を、救済の文学、あるいは芸術として考える。しかし、そこにはっきりとした線は引きにくく、心境小説の中でも、自らの恥や苦、滑稽さなどを書いていれば、その作品は信の段階に到達するものとされる。さらに、私を主人公にし、主人公が作者と同一人物と思われるような場合でも、取材に重きが置かれている場合は、それもここでは私小説とは考えない。永井荷風の『濹東綺譚』などは、優れた変形的私小説とみることも可能であるが、本人もこの作を遊里見聞記と称しているため、ここでは私小説とは見做さない。

もちろん、私小説だけが信の文学であるとは言えない。知の段階と信の段階の文学を隔てるものがあるとしたら、それは恥の開示のほかに、苦しみの共有も大事になる。これが信の文学、つまり人を救済する可能性を持つ文学の二大要素となる。何故、聖書が世界中の人に読まれるのかといえば、そこにユダヤ人の苦しみがあり、またイエス・キリストの苦しみが描かれているからである。その要素がなければ、聖書が何千年もの間多くの人に読まれ、人々の救いの手助けをすることはなかった。英語では思いやりや憐みのことをコンパッションというが、これは文字通り苦しみを共有することであった。だから、苦しみの共有は、信の文学の一つの条件となる。

今語った二つの重要な要素を私小説に転ずると、それは自虐的にも映る。自分のことを人物の特定できる形で書くのだから、どのような形であれ、自虐的になる。必ずしも直接に自虐的な文章を入れているかどうかということではなくて、人に苦笑される段階でもはや自虐なのだ。田山花袋の『蒲団』には「竹中古城と謂えば、美文的小説を書いて、多少世間に聞えておったので」と自分のことを持ち上げる文章があるが、これは自分で持ち上げても、人の苦笑を誘うものである。自分を晒して書く、信の段階へと至る私小説には、作者が意図せずとも、何らかの自虐性が伴っている。

V

私小説が日本の自然主義文学の系譜にあることは、度々評論家や文学史家によって論じられてきた。フランスで勃興した自然主義文学はダーウィニズムの影響下にあって、科学的に社会を見、さらに人間を見ようとするものだったが、それが日本に移入されると、個人の生活を暴露的に、ありのままに書くことが自然主義文学であると見做されるようになった。日本には西洋の哲学・神学的土壌が脆弱だったから、その深い思想が植え付けられなかったのである。そしてありのままを書くとなると、結局他人のことは容易に理解できないため、その実践は不可能になってしまう。それならば、自分を書くしかない。

そのように書けば、確かに自虐的にもなるし、それが滑稽でもある。田山花袋は自らをモデルにして、家庭に嫌気がさし、自分の元に身を寄せる女弟子に好意を抱く三十男を見事に描く。最後に女弟子の残していった蒲団の匂いを嗅ぐ場面は、この私小説の滑稽さを示す象徴的な部分となった。花袋が小説を発表することに対し、何回も躊躇したことを後年述べているから、彼にとって『蒲団』の発表は、自分の身を削るようなものだと感じたに違いない。

近松秋江もまた、自分を題材にしていわばストーカー男を書いている。現代だったら、とても書きにくい事柄である。後に徳田秋声が彼の代表的な長編私小説である『仮装人物』で、ストーカーみたいなことを書いた友人（近松秋江）に、自分をモデルとした主人公が似てきたことを語る場面があるが、これもまた実に滑稽だ。

そして岩野泡鳴は馬鹿正直に偽りなく自らをさらけ出したという点で、描写はともかくとして、内容だけを見れば日本の自然主義的私小説の一典型である。彼の作品には、他の私小説家と違い思想があると思われるかもしれない。が、その思想は泡鳴の生活に根付いていることだから、これもまた生活の一部であった。泡鳴自身、大真面目に自らの思想を生活上に表そうとしていたのだ。

真面目に自らを書き、人に笑われるということは、自分を低くしているのである。わざと低くしなくても、何らかの要因から自分を晒す気になれば、人は低くされる。人間が人に対して嘲笑するのは、決まって相手に親しみを感じているか、場合によっては自分よりも低く見ている場合なのではないだろうか。下らないことに一生懸命になって、自ら何かに没入している人間は、滑稽に映り、親しみを生み出す。そこで私小説家は、結果的に自分を、低い人間として描くようになっている。日本人が頭を下げて挨拶するように、自然な習慣として、私小説家は己を低くして表現する。この特徴は、日本で著しく発達した私小説には必然のもので、日本人が養ってきた精神が見事に投影されている。

話が大変横道へ外れたようでありますが、文章の品格につきましてその精神的要素を説きますのは、ここまで遡って論じなければならないのであります。ところで、ここで皆さんの御注意を喚起したいのは、われわれの国語には一つの見逃すことの出来ない特色があります。それは何かと申しますと、日本語には言葉の数が少く、語彙が貧弱であると云う欠点を有するにも拘らず、己を卑下し、人を敬う云い方だけは、実に驚くほど種類が豊富でありまして、どこの国の国語に比べましても、遙かに複雑な発達を遂げています。

（谷崎潤一郎『文章読本』）

谷崎潤一郎の『文章読本』には、国民性が国語の発達に大きく関わり、一個人の気質が、その人の文章に与える影響の大きさについて記されている。谷崎の言うように、日本人は自らを低くする気質から、国語においても謙譲語が発達し、自らが謙《へりくだ》る言葉の用法が数多く存在する。その言語的傾向が、日本語を扱った人々の気質に由来するのである。日本人の気質は、文学の分野にも大きく影響を及ぼしている。

『蜻蛉日記』は、多くいる妻の一人として摂関家に嫁いだ藤原道綱母による、約二十年に渡る夫婦生活を書いたものだが、その序文には著者が虚しく時を過ごし、容姿も人並み以下で、分別もあやふやの中、ただ流れるままに生きているといった自虐的な文言が並び、その後には、絵空事や虚構ばかりを書いた物語に対し、自らの経験を書くことを高らかに宣言している。序文だけ読んでも、自分のことを書き、さらに自分を低くする捉え方をしているのが解される。ここには平安・鎌倉期の日記文学や、場合によっては近代以降の私小説にまで流れる、誰からも問われないのに、わざわざ自らを語り出すような「とはずがたり」の精神が垣間見えている。私生活を晒すという点では、現代の私小説の原形がここにあり、その画期的な手法と、人々に同じ感情を共有させる自虐的な文面が、共感を獲得し、夫を思う気持ちと彼女の懸命な姿がユーモアとなって、読者の笑いを誘い出す。

また渡辺京二によれば、江戸の民衆にも、「自分のすることやありかたにおかしみを感じる」自虐的なユーモアがあったという。自己を客観視して自分の姿を想像し、吹き出すというのは、私小説家にも見られる傾向である。

確かに『東海道中膝栗毛』の弥次郎兵衛と喜多八は、不愉快なことや恐ろしいことが起きた時、自分が経験したばかりの事柄を狂歌にして、それを笑いに転じていた。旅の中で客観的に自分を見て自虐的な歌を作り、腹の虫をおさめたり、恐怖を取り除く場面がたびたび出てくる。その狂歌を言い争った相手の前で披露して場が丸く収まることもあり、険悪な場面に移行しそうな場合でも、二人の狂歌が場の雰囲気を一変させるのは読んでいる読者の笑いを誘わずにはいられない。

さて、前述の谷崎自身もまた、代表作の一つである『痴人の愛』を私小説と言っていた。この小説を今まで私が話してきた中の私小説であるということは憚られるが、自虐の構造を持っている点では、実に日本の文芸における伝統的な方法を用いている。

『痴人の愛』の主人公である譲治は、月給百五十円をもらっている電機会社の技師で、自らを典型的なサラリーマンであると語る。谷崎は、この主人公がナオミという若い女に翻弄されることを描きながら、典型的なサラリーマンの裏の顔を暴露し、最後には、ナオミに屈服し、彼女のいいなりのような人間になり、自ら馬乗りにされ、その醜態を晒すのである。

この小説は、物語全体で次第に典型的勤め人である主人公の本当の姿が暴露され、自虐的に語られる構成は、田山花袋の『蒲団』と全く同じである。花袋の『蒲団』の主人公、竹中時雄は文学者のはしくれで、地理書の編集に携わり、家族もあって何の変哲もない人物に思われたのだが、女弟子に狂って蒲団を嗅ぐ醜態を自虐的に晒し出すところは、見事に両者が符合するところであった。

これまで見てきたように、日本における私小説の独自性は、その暴露性と、結果生ずる自虐性にある。自分を書く小説が日本に特有のものであるというよりも、日本の自然主義的文学から転じた私小説が世界に類を見ないものであって、日本の自然主義文学のありのままを書くという特性が、私小説に転用された時、そこに自らの醜い面まで描くため、多くの場合、私小説の主人公は自虐的に映ったのだ。

だから日本の私小説家は自らを犠牲にし、傷つけながら小説を書いている。自ら身を切るところの苦しみがある。そこに、私小説が人に影響を及ぼす最大の理由があり、人は彼らを苦行者と呼ぶこともあるのだ。

VI

これまで救済、信、苦行など、随分と宗教くさい文言を並べてきたのでお気づきの方もおられるかもしれないが、私小説には明らかに宗教的な側面がある。つまり、ある精神的なものを媒介にして、人間と人間が密接に繋がり合う面が存在する。小説があり、それを媒介として他者との精神的な繋がりを持ち、救済の可能性を見出すところに私小説の宗教的側面が現れる。

おもしろいことには、別に宗教に関心を持っていない文学者——小説家、評論家がときどき自分の文学論なんかを発表する場合に、表現としてこういう言葉を使っている。つまり、出家遁世の志を抱くとか、または私小説作家が非常に自分の小説に熱心のあまりに、そういう姿はまるで苦行僧のようであると言ったり、また私小説作家が自分の小説を一種の修行の道場のように考えているというようなことが問題にされ、その作家自身も小説を書くことを修行道場のように考えているというような、この言葉、これはもちろん宗教的な言葉で、文学者が宗教的な言葉をかりて、自分の気持なりを表現しているのです。たとえば葛西善蔵などは、まるで修行僧のようにきびしい精神生活を続けた作家だといわれている。こういう人は私たちの周囲にも幾人かおります。この人たちは、自然主義文学はわれらを宗教の門に導く、宗教的というところまで接続させるという言葉がぴったりあてはまると思います。宗教の門にもう近づいている。いま一歩というところなんです。一歩踏み切ったら当然宗教という門に入ってしまうのですが、そこまで行っているんです。

（丹羽文雄『小説家の中の宗教―丹羽文雄宗教語録』）

丹羽文雄は自然主義的私小説家が、宗教的なことを意識せずとも、図らずも極めて宗教に接近していると指摘し、上田三四二なども川崎長太郎と良寛を比較して、数年の放浪の後、故郷に戻ったこと、そして晩年に一人の女性と連れ添ったことなど、いくつかの生活面での共通点を論じ、河上徹太郎は、特定の宗教のない日本で私小説が宗教文学の代用をなしていることを主張してきた。

私小説家が宗教的な修行者、修道者と異なる点は、彼らの目指す対象が芸術か、あるいは神仏なのかという相違に過ぎない。また少なからず家族を犠牲にせねばならないという点も修行者と近い。イエス・キリストにせよブッダにせよ、家族関係が希薄なことは明らかで、神の道に歩むものは家族とは離れなければならないとの教説を説き、さらにパウロは、自分と同じように、出来れば独身者でいることが理想であると言って、アッシジのフランシスコは、修道生活に入るにあたり父親と絶縁した。

私小説家もまたほとんどの場合、家族を犠牲にしてきた。妻なき後の徳田秋声の家庭は混乱し、葛西善蔵は死ぬまで一人息子に恨まれ、岩野泡鳴ごときは、三人の女性に十人の子供を産ませておきながらあまり家族に関心を示そうとしなかった。家族は自らのエゴイズムの影響下にいる人間にしか過ぎないものであった。川崎長太郎は六十歳になるまで独身者であったし、近松秋江は二人の女児が生まれてから作風がガラッと変わってしまう。

修行僧や修道者の中にも、もちろん様々な形態があるが、キリスト教を例にとるだけでも、雑多な修道僧がおり、中でも特に私小説家との近接性が見られるのは、ロシアの修道僧の場合である。

まずキリスト教における修道の始まりを告げたのは、紅海沿岸や、死者と通じる世界であると考えられた、ナイル川の西岸で修道生活を送った砂漠の師父と呼ばれるエジプトの修道者であった。そこで悪魔に打ち勝とうと、多くの苦行を行い、自分の内面に潜む欲と闘いながら修道生活を送った。

キリスト教の場合、少なからずキリストへのならいが修道生活の基本になるが、キリストのどのような行為を真似ることが強調されるかは、それぞれの地域によって微妙に異なってくる。時代が下ると、イエス・キリストが人々のなかにこそ神がいると考えたことに根拠を求めたゆえ、共住制が多くなり、一人で悪魔と闘うよりも他者との関係性の中で修道生活を送る人々が増えた。

これらの修道者とは異なり、特にロシアのキリスト教の修道者の中には、イエスのみじめさに強調点を与える者たちが多くいた。彼らはコリントの信徒への手紙（一）の四章十節「わたしたちはキリストのために愚か者になっている」と書かれた文言に従い、イエス・キリストが人に後ろ指を指されながらみじめに死んでいったことを理由に、それを真似るように生きたのである。

このように、イエスが自己を無化していくこと、また場合によっては卑下することをギリシャ語でケノーシスと呼ぶ。ロシアの修道では顕著にこの点が強く押し出されている。己を棄てて、神との神秘的合一を得るために、彼らは時に狂ったように見えた。

ロシアの国教であった正教は、長い間かかって、ロシア人の精神をはぐくんできた。その源は修道院で培われたため、修道主義が生じたといえよう。

修道主義の真髄は卑下の精神である。それは、端的にいって、辱しめられ、卑しめられたキリストを思慕する精神であったといえよう。本来、信心深いロシア人には、人間的なキリストに対する思慕の念があった。かれらにとって、キリストは、裁き主としての厳しいキリストでなく、十字架にかけられ、辱しめられたキリストであった。キリストをまねて、痴愚をよそおう佯狂者などの現象もおこったが、卑しめられ、十字架にかけられたキリストに対する思慕尊敬の念があった。キリストこそ卑下の象徴であったといってよかろう。

(田口貞夫『ロシア宗教思想史』)

VII

ロシアで特に見られる、イエス・キリストにおけるケノーシスの精神の実践は、ロシアにキリスト教が伝わる前にも他の地域、特に中東から小アジアの地域で度々散見され、例えば、六世紀のシリアの聖人、聖シメオン・サルス(狂人の意)は、パレスチナで隠棲修道士として修行し、後に故郷に帰って売春婦や犯罪者の仲間に加わった。彼は死んだ犬の死骸をひきずったり、盗人のようなこともしたから、実際に頭のおかしい人と思われたが、本人には信念があった。シメオンは、本当に謙遜になりたければ、屈辱を愛さなくてはならない、と言ったとされている。

　このような傾向がロシアの風土に合い、十五世紀以降、狂ったような生活をする修道僧が歴史上に姿を現すようになった。ノブゴロドのニコライとフェオドシーは、街の権力者の争いを滑稽なやりとりで揶揄し、その後モスクワでは、独裁政治に直面して多くの狂い人が現れた。特に人気の高い聖ヴァシリーは、裸で生活を送り、福音書の言説に反して信心をひけらかす偽善者の家に対して石を投げた。よって彼らは全くの狂人と見做され、聖愚者（佯狂者、ユロージヴイ）と呼ばれるに至り、東方教会では今でも聖人とされている。

　イエスがファリサイ派の人々に行ったように、皮肉な方法で偽善者を非難し、文字通り義人ではなく罪人を招こうとしたのである。ドストエフスキーやトルストイの作品でしばしば登場する行者、あるいは神がかり行者は、この聖愚者であり、ドストエフスキーにおいては『白痴』のムイシュキン公爵や『カラマーゾフの兄弟』のアリョーシャに、トルストイにおいては『幼年時代』のグリーシャに、聖愚者と似たような性格が現れている。

　彼らは人々から半ば軽蔑の目で見られたが、尊敬の対象ともされていた。これに似た傾向は、日本の私小説家の中にも垣間見える。ただ日本の私小説家の場合、はっきりと彼らと違う点は、演技として自らを晒すのでなく、あくまで日本の自然主義的精神にのっとり、できる限り自らの実体験を人々に晒すということである。そして、聖愚者と違って、社会や政治に対する批判は全く持ち合わせていない。

　葛西善蔵は、三宿の自宅に訪問してきた川崎長太郎に以下のように言った。

「報知新聞に出ていた君の随筆読みましたよ」

「それはどうも――」

私はテレ隠しに蓬髪へ右手をまわし、ひしゃげた笑い方していた。つい先達、新聞の文芸欄へ出して貰った十枚足らずの雑文である。

「天神髭生やした温泉旅館の主人もよく出ていたし、君らしい魚屋さんの立ち回りも眼にみえるようだったな。――何より正直に書いてあるのが気持よかったです」

「ありがとうございます」

「こうみたところ、君は人間も正直そうですね」

「いや、カラ愚直の方で――」

「諺にも正直は一生の宝というじゃありませんか。小説だってそうですよ。嘘偽りなく、ものごとをまっすぐ書く。これに越したことはありません」

「つまりその人のもって生れた素地で押し通すことですか」

「そうですよ。鍍金や借着でごまかしてはいけない。世間から馬鹿者呼ばわりされても頓着することなく、正直一途にゆく」


（川崎長太郎「私小説家」）

人は修道者のもつ信仰を理解できなければ、彼らを狂人と見做すだろうし、私小説家においても、自らの生活をさらけ出して書くというその芸術を理解できなければ、全くの狂人にしか見えないだろう。

丹羽文雄は、私小説家を宗教の門の手前と言ったが、これを一般人の目から見た時、その映り方は、実はその他の宗教者と全く相違ない。聖愚者たちはあまりに狂っていたため、そこにキリストへの信仰があったかどうかは、多くの人々には全くわからないのである。

事実ロシア人には、自らの犯した過ちを、何の恥じらいもなく人々に語ることがあり、また福音書の内容をそのまま受け取って、自虐的な傾向の信仰を持つことがあるから、時にただの自己満足に陥っているのではないかという批判が絶えず付き纏った。アンドレ・ジッドなどはその問題点を論じて、ロシア人は単純に罪を犯すことができないと結論付けた。これは私小説家にも言えることである。

暴露し続けることでそれが次第に形骸化し、暴露が暴露たり得なくなる自体が生じる。自分の罪や生活を告白すれば、そこに人には言えない秘密が時間と共に秘められていることではなくなり、むしろ日常になってしまうのだ。そこから先はもはや自己満足にしか過ぎず、あまり褒められるものではない、と批判者から攻撃される。

しかしながら、そこに救いや慰めを得て、自らの生活の糧にしている人々がいることも紛れもない事実であった。暴露が人々を救うというよりも、場合によっては自虐にもなるような正直さが、彼らを救いへと誘うのだった。

原始修道制がそうであったように、ロシアでは、修道者は別個の召命を果たす人というよりは、むしろ単純にキリスト教徒にとって根本的な要求を徹底的に実現すべき召し出しを受けた人として見られている。おそらくまたそのゆえに一般信徒は修道生活の内にそのような境地にはとうてい達しえないような理想的生活を見るよりも、むしろ修道生活に至高の純粋性において見出される憧憬を、自分自身の状況の中に移し換えようという積極的な励ましを看てとるのである。（ルイ・ブイエ『キリスト教神秘思想史１』傍点筆者）

人々が彼らを見て救われたと思うことは、聖愚者だろうが私小説家だろうが変わりはない。周りには売春婦や変り者が集まり、いわばその狂人たちを仲介して、自らもその救いに与ろうとする。

小田原の川崎長太郎が売春婦と親しくし、女工や飲み屋の女、三十後家の訪問を受けたという事実との共通性は、全くの偶然というわけではなく、作品によって救われたと思った人が彼を訪問したという構造は、完全に隠棲せず、世俗との境界で生き、貧しき者たちからの訪問を受けたロシアの修道者と極めて酷似している。ドストエフスキーの『白痴』で、恋敵のロゴージンに「おまえさんはまったくの聖愚者（ユロージヴイ）だ」と言われたムイシュキン公爵が、自分と似た匂いのするナスターシャと惹かれ合うのも同じ類である。

聖ヴァシリーなどは裸で過ごしたため、全くの狂人といえるが、自らの内面や生活をさらけ出し、自分の恥を書こうとする私小説家も、また一つの狂気である。両者は恥をさらけ出すという点では共通していた。前の章で恋人同士が知の段階から信の段階に到達するには、恥を共有しなければならないと言ったが、人が恋人に開示するものを、私小説家は不特定多数の読者に対して開示しているのである。自らの恥を乗り越える姿勢に、人は本当に、親身になってくれる人を獲得するのだ。弱き魂は、どんな形であれ人間不信に陥っている。彼らの救いになるのが、自らの恥をさらけ出した東方キリスト教の聖愚者であり、また日本の私小説家であった。聖愚者は英語でも holy fool for Christ と呼ばれる。いわば聖なる馬鹿である。私小説家は、大杉栄が岩野泡鳴を論じた言葉を借りるなら、まさしく「偉大なる馬鹿」であった。（大杉栄「岩野泡鳴氏を論ず」）

Ⅷ

私小説に対する数多くの批判がこれまであったにもかかわらず、長く私小説は続いているが、古くは小林秀雄や中村光夫がいわゆる「社会化した私」という概念をしばしば持ち出して、私小説の批判を行ってきた。社会と繋がって、その「私」を書くことによって社会批評が成立する時に限り、彼らは私を書く小説の有用性を認めている。小林はそこで私小説が亡びたと言って憚らなかったし、中村もまた私小説に対する悲観的な態度をとってきた。しかしながら、中村がいうところの、田山花袋の『蒲団』を主な源とする、時に暴露的で、また自虐的な小説の流れがこれまでも連綿と続いてきた。確かに知的なレベルで文学を考えるならば、その社会化云々という考えは極めて重要であろう。そして文学に、思想と社会批評を見る場合、小説を中心とした近代文学は、柄谷行人が云うように滅びつつあるかもしれない。

しかし、私小説の価値はもっと別の次元のところにある。いわば知のレベルではなく、信のレベルである。だから厳密には他の文学ジャンルと一緒のレベルでは、うまく説明できない価値がある。「文学のもつ力は、しかし道徳家の説く倫を越えたところに存在するようだ」と、鈴木地蔵は私小説を論じていう。私自身、他の文学作品を読む場合も多いが、私小説を読む時と比べれば、明らかに精神に及ぼす作用が異なっていた。

私小説はまた、自らのことを書くという点で、他の文学のように客観小説の形態をとりながらも、完全には客観的ではない。しかしながら、客観的に書こうとするところにその力量が見えてくる。そうしなければ私小説はエッセイの域から脱していないことになる。かつて川崎長太郎が、私小説のことを尋ねられた際、神のような視野から自分を見、人生のバイブルになるようなものを書くと言ったことがあった。確かに一度自分から離れて、多角的に自分を眺める必要があるから、この意見は実に興味深い。主観と客観の間を自由に行き来するのだ。「芸術修行としては、心境から入って大なる客観の世界に出ていくことが必要だ」(「心境から客観へ」)と、徳田秋声が言うように、主観から客観へという技法の伝統は、『土佐日記』や『蜻蛉日記』、さらには江戸期の狂歌や川柳などにも見られる、自らをモデルにするこの国の文芸に特徴的な手法でもある。

自分から離れつつ、絶えず向き合って、自らの生活を切り売りするようにする私小説家は、精神的な苦行者である。自分を売りにしているのだから、極めて賤しく、場合によっては人から後ろ指をさされ、友人を失うこともあるかもしれない。それだけリスクがあり、多くの犠牲を払う覚悟を要すが、また一方で切り売りしなければ、読者を救済する可能性は持ち合わせない。

他人の生活や心情をわかりもしないのに面白おかしく書けば、確かに作品に面白みが生まれ多くの笑いをとることにもなろうが、読者に与える深い影響は薄れるのだ。モデルについて事細かに書いた方が作品が良くなるというならば、相手に許可をとるか、あるいは絶対に他の人にはばれないように工夫しなければ、文字に表すという性質上、それが一度発表されれば二度と消えないという事実から、モデルに生涯癒えることのない大きな傷を負わせることになるだろう。私小説はあくまで、「私」を書く小説である。

IX

今まで見てきた通り、私小説は、人間が弱った時に欲する芸術である。人々に寄り添う芸術である。そして時に人を救済する可能性をもつ。

その意味では、私小説は雑草みたいなものである。私たちはそこに外見の美しさを求めるのではなく、コンクリートの隙間や道端で多くの動物に踏まれながら、醜くとも生きようとする、その生き様に感化される。目につかない人間には目につかないし、ましてやそれを好むのは一部の奇異な人間に過ぎないが、その一握りの弱き魂を、雑草は救い出す。醜いために他の美しい花を差し置いて、雑草が中心に来るようなことになれば、それらは簡単に除去される。しかしながら、私小説はある人々を不快にさせても、一部の人に大きな救いと慰めを与えるものなのである。

私小説がこのような意味で、極めて高い次元の芸術であることをみるために、最後にロシアの文豪、レフ・トルストイの芸術論を参照してみたい。

この感情の大きな特長は、芸術を受け入れるほうがすっかり芸術家と合流してしまい、自分の受け入れている作品は誰か他人によってではなく、彼自身によって作られたもののように思われ、この作品によってあらわされているものはすべて、ちょうど、自分も前々からあらわしたいと思っていたことだというふうな気持になる点である。真の芸術作品は、それを受け入れる者の意識のなかから彼と芸術とのあいだの、いや彼と芸術家とのあいだばかりでなく、彼と、同じ作品を受け入れるすべての人々とのあいだの区別が消えてしまうようなものを生み出すのである。この個性における自他の区別の解消、つまり自己の孤立の解消というところに、換言すれば、自他の個性の合流というところに芸術の大きな魅力と本質が存するのである。

人がこの感情を経験し、作者と同一心境に感染し、他の人との合流を感じる、とその時、この心境を誘発する作品は芸術である。この感染がなく、作者との、あるいは作品を受け入れる人々との合流がなければ、――芸術もない。しかも感染力は、ただにこれが芸術の疑いなき標識たるにとどまらず、その感染力の程度はまた芸術の価値の唯一の尺度でもあるのである。

感染力が強ければ強いほど、内容はさておいて、つまりその伝える感情の価値如何とは無関係に芸術としてはそれだけすぐれた芸術である。（トルストイ『芸術について』）

トルストイは、芸術を美しさなどの観点からではなく、感染力にその価値を見出した。優れた芸術か否かは、芸術作品に接する人がどの程度の影響を受けるかによって定められる。さらにトルストイは未来の芸術に対して、人を楽しませるもの、感動させるもの、そして腹を抱えて笑うようなものを求めていることを付け加えておこう。

私小説は、トルストイの言うように、人に大きな影響を及ぼし、時には人を感動させ、笑わせながら長く続いてきた。小林秀雄が亡びたと言ったのとは異なり、強固な受容者（読者）がいたために、そう簡単にこの形態の小説は亡びなかった。これからもきっと書かれ続けていくことだろう。自らを客観化しさらけ出して、低くするという点において、私小説は、知や美、または倫理と一線を画した、救済の文学なのである。

創作者と読者との神秘的邂逅——受容理論の盲点

私は以前「救済の文学」なる評論を書いたが、考えてみれば、私は熱心な読者として私小説を論じ、知的な興味がそれ程あったわけではない。ただ、なぜ私小説に自分が惹かれているのか知りたくなった結果だったのだ。受容者としての自分を知りたかったのである。そのような視点は、今までの文芸批評史ではまれだったのではないかと書き終えてから思い始めた。受容理論については後から書き加えた。そして、文芸批評史を少し勉強してみれば、その考えは決して間違っていなかったと今では考えている。文芸批評は、一般に十九世紀から本格的に始まったと言われているが、その批評も、今の今まで何の発展もなく来たかといえば、そんなことはなかった。大きな転換はなかったとしても、他の学問領野との交流は増え、様々な角度からの指摘がなされる場合が多くなった。その点、絶対的な価値基準がなくなり、相対的な観点が助長されて、逆に批評の価値が薄れていくという皮肉な現象も、また起きている。

批評の歴史的発達段階において、従来の作者及びテクスト批評から、一九六〇年代以降、読者を対象にした分析がなされるようになってきた。このような観点の変化は、極めて大きなことであった。それによって、テクストに閉じられた世界、あるいは作者と、書かれた時代の社会背景にしかこれまで批評の対象にされなかったものが、受容者とその社会や環境にまで目が開かれるようになったのである。いわば作者とテクストの閉じられた世界から、それ以外のものへと無限に対象が開かれたところにその画期性があった。これらは二十世紀の現象学や解釈学で取り扱われた、客体に対しての主体の問題、あるいは他者の問題が寄与している点は、疑う余地もあるまい。

特に文芸批評の中で、いわば客体（作者、テクスト）に対する行為主体（読者）中心主義的文芸批評を展開したのは、当時の西ドイツで活動をしていた、H・R・ヤウスとW・イーザーの二人である。コンスタンツ学派と呼ばれる彼らは、一九六〇年代に話題をさらったH・G・ガダマーの『真理と方法』に影響を受けたことは明らかで、ヤウスの場合は顕著に、そこから文芸評論において革新的な意義を見出そうとした。彼は、これも一九六〇年前後に話題となったT・クーンのパラダイム・シフトの概念を借用し、自らが行おうとしていることは文芸におけるパラダイム・シフトだとして、高らかに『挑発としての文学史』を宣言し、読者主体という、いわば主観的な受容者から客観性をすくい出し、今まで読者を抜きに展開されていた批評家による文学史から、読者中心の文学史を構成しようという意見を持ち出したのだ。

これらの見解は大きな波紋を批評界に引き起こした。東ドイツの研究者たちからは、そもそも個人的な領域である読書経験から客観性を見出せるのか、それは主観的な歴史を作ることになるのではないか、と指摘された。歴史というものは、例えば政治史においては、勝者の主観的な歴史であって、客観的な歴史など存在し得るのかという議論も導き出される。

またあるものは経験主義的な立場をとって、社会学的方法、要するに帰納的な方法でデータを集め、そこから客観化への糸口を摑もうとした。しかし、この方法にも問題がある。大学の学生が調査対象に挙げられた場合、その共同体の中での平均値を客観化のプロセスとして使用することになるが、そのような例においては、調査対象の成員があまりに近い環境にいるのを考えねばならない。つまり、大学に行けるほどの学力を有し、それだけの金銭的余裕がある集団と、その他の職業に就くもの、あるいは子供、外国人を調査員とした際には、全く異なった回答が導き出される可能性も否定できない。社会学的な調査では、結局一つの共同体のいわば主観を再構成しているに過ぎないのではないかとの疑問が出てくる。

より大きな読者を持ち、同じような考えを有している共同体員の中では、ある程度の客観化は見込めるだろう。その中でも最もわかりやすい例は、間違いなく世界で最も多くの読者を有する聖書の場合である。

私の頭の中で思い浮かぶ受容の具体例を挙げれば、ルカ伝に載っている「マルタとマリア」の話が、この例に最も近いものとなる。この物語はイエスがある村に行った時の話である。滞在した先の姉妹の一方のマルタが働きもので、マリアは働かずイエスの話に聞き入っていた。それに対し、働くようになんとか言ってくれないかと、マルタはイエスに言うが、それに対しイエスは、あなたは心を乱していると告げるのだ。この話は、中世では文字通り解釈され、マルタの活動的な生に対するマリアの観想的な生の優越が唱えられたが、中世と近代の狭間になると解釈が異なり始め、マイスター・エックハルトをはじめとする思想家は、むしろ活動的生の方に力点を置く解釈を始めた。多くの信徒が影響を受け、考え方を改めて、その時代による客観的な受容史が作られていったのである。だからこの箇所は、時代によってはっきりと強調点が異なっており、同様の立場の人が多くいるため、そこに受容史が成り立っている。

ところがこれもまた西ヨーロッパという限られた範囲の話で、世界規模の話ではないから、完全な客観化とはなっていない。事実、東方教会や私の解釈は両者の解釈とも違い異なったものとなっている。それを客観化しようとすれば、読書が個人的な行為であるがゆえに、少数のものを排除する可能性もまた否定できない。

さらに何よりも問題だと思うのは、ある作品を再評価し新たな歴史を構築するためには、それなりの評価基準を作り出さねばならないため、ヤウスが芸術作品の価値を論じ始めたことにある。芸術に適用される一定の基準を作らねば、大衆に喜ばれるいわゆる通俗的な物語や、エロ小説がその他を凌駕することになる。そこで、ヤウスは芸術作品の優劣の基準を予め定義している。

ある文学作品が、出現した歴史的瞬間に、最初の読者公衆の期待を満たしたり、超えたり、失望させたり、あるいは覆したりする流儀様式は、明らかに、決定の一つの判断基準になる。期待の地平と作品との隔たり、すなわち在来の美的経験ですでに親しんでいたものと、新しい作品の受容によって要求される「地平の変化」との隔たりが、受容美学的に文学作品の芸術性格を決定するのである。この隔たりが縮小するにつれて、すなわち受容する側の意識が、まだ知られていない経験の地平に向き直ることを要求される度合いの低さに応じて、作品は〈賞味的（クリナーリッシュ）〉な芸術、あるいは娯楽の領域に近づく。娯楽作品の受容美学的な特徴は、それがいかなる地平の変更も要求せず、支配的な趣味傾向が枠組みとなっているようなさまざまな期待を満たすものに他ならないところにある。

（H・R・ヤウス「挑発としての文学史」『挑発的としての文学史』）

ヤウスは芸術の価値判断のために、美的経験の尺度からの判断を要求し、期待の地平なる概念を提出する。この期待の地平とは、読者（受容者）が新しい作品に出会う際、読む前に予知できる範囲を示す。今までの自らの経験や環境の中で染みついた常識が、読書をする時の前提条件となってテクストに対する判断材料となり得る。テクストの価値とは受容する側の期待の地平に応じて、その価値が決められるのだ。

従って、読者が知っている前提知識を超えて、読者の先を行くようなテクストがここでは芸術的に優れた作品ということになる。簡単に内容のわかるようなものや、読んだことによってされるものとなる善きにせよ悪きにせよ、受容する側に衝撃を与えない作品は、極めて娯楽作品に近いものとなされる。

ヤウスが芸術に求める美的な隔たりというのは、古代ギリシャの場合に類似し、知的な領域に接近していることが理解されるだろう。美は同時に知でもある。この古典的発想が、マルクス主義陣営からインテリゲンチャの方法論に過ぎないと言われる所以で、価値を断定するにはいささか方法が限定されているのではないかと思われることである。

知的に認識すると言った場合、テクストと受容者との距離はできるだけ離れていた方が良い、とヤウスは考える。私がしばしば用いる例だが、何かを知るためにはある程度の距離を保たなければ、正しい認識はできない。至近距離で木を見れば、それはただの茶色い物体にしか見えないだろうが、距離をとればそれが何の木であるか断定できる。知の問題は全て距離の問題が含まれている。だから、ヤウスがここで述べるように「美的な姿勢とは、したがって、観察者と客体とのあいだに距離を置くことを含意している」（R・C・ホルブ『「空白」を読む』鈴木霜訳、勁草書房、一九八六年）のである。そしてこの距離が大きければ大きいほど、芸術的な価値は高まるのだ。彼の言う美的な隔たりが、時代とともに変化していき、一種の知的進歩史観になるという指摘も、免れないであろう。実際よく訓練された読者が増えれば増えるほど、段階的にその隔たりを多くするようにしなければ、芸術的な価値は損なわれるとも考えられるからだ。しかしヤウスは最後まで自らの主張を変えようとはしなかった。はじめの論文から二十年ほど経った、一九八七年のコンスタンツ大学での定年退官最終講義の最後に、以下のような発言をしている。

…コンスタンツ学派によって指摘され、おそらくはポスト・モダンにおいてなお効力をもつ公理に従っているからである。その公理とは、「読者から私が期待するのは、読者が私の本の中に私の知らなかったことを読みとってくれることです。ただし、それを私が期待できるのは、自分がまだ知らないことを読みたいと思っている読者だけなのです」

（H・R・ヤウス「受容理論－その知られざる前史を顧みて」『挑発としての文学史』）

最後までヤウスの関心が「知」に集中しているのがお分かりいただけるだろう。私が今回問題としたいのは、あまりに偏狭なヤウスの芸術作品に対する価値判断の仕方についてである。極度に主知主義的ではないかと、私などには思われるのだ。

読書には知に関すること以外に、複数のパターンというものが存在するはずである。つまり目的は一様ではない。例えば聖書を読む場合、学究の材料として、要するに知的好奇心として読む場合と、信仰者として信仰の糧とするために読む二つの場合がある。無論、後者の場合も読んで新たな知的発見を見出さないこともないではない。しかしながらそれは二義的な問題で、第一義は、書に勇気づけられたり、救いを求めたりするところにある。その際の読書は、美的な隔たりの関わる余地は少ないと思われる。それでもヤウスの言う通り、一元的なパターンのみを当てはめることは可能であろうか。どちらの読み方も価値があるとは考えられはしないだろうか。

ヤウスが主張する主体と客体との隔たりは、いわば西ヨーロッパの思想に準じているといってよい。それらの距離の問題は、トマス・アクィナスの段階でその萌芽が見られると考えられるが、それをはっきりと顕在化させたのはデカルトであることに間違いはない。そして二十世紀の現象学や解釈学は、今まで主体に対する客体への関心が中心に添えられていたのを、主体の効果について考える方にシフトチェンジしたのである。この概念の転倒が哲学や文学に応用され、その延長にヤウスらの受容理論も唱えられているのだ。確かに彼の理論は、近代哲学の決算の一つに数えられるわけだが、やはり近代に限られているわけであって、科学をはじめとする知という概念そのものが危機にさらされているここ数十年ほどの期間にあっては、やはり知に偏重する概念形成は怪しいものだと言わざるを得ない。

近代であろうがいつの時代であろうが、私の提示した信仰や慰めのための読書は、決して無くなってしまったわけではない。聖書などの限定された書物にしか適用されないのではないかと思う人もあるだろうが、私などは一般の書でも、知的好奇心とともに、自らに寄り添うような書物を探し求めている。

もちろん、ヤウスもテクストと読者との関係をいくつかパターンに分析し、表にしていて、その中に称揚的だとか共感的という文言も見られるが、芸術の価値ということに関しては、彼はやはり美的隔たりの方にしか焦点は合っていないのである。確かに知の問題は、普遍化、客観化する可能性を導き出すが、信だとか信仰という問題になると、それははっきりと体系化を拒絶する。知的な問題以上に個人的な問題となってしまい、歴史を塗り替えるのには適さなくなるだろう。

私がここで主張したいのは、近代哲学の枠組みを取っ払って、要するに主体と客体の問題を超え出た、作品と読者の関係があることなのだ。知的な方法論以外に、主体と客体の距離がなくなるような、何の知的関心も湧かないけれども、作者と読者が、ぴったりと寄り添うような読書のあり方が間違いなくある。美的な隔たりを意識した読み方は何回も続けて読めば、新たな知的関心が薄れて飽きが来るが、私が提示する読み方は何度読んでも、その効果が薄れることはない。むしろ、テクストと読者との関係が深まっていく場合もある。

ここではテクストと読者の間の能動、受動の問題は消え失せ、限りなく繋がり、両者は諸宗教で云われるような、神秘的な出会いといった形をとって、価値は最大限に高まるのである。人には見えない作品の価値が、特定の読者にははっきりと明示される、そんな読み方が確かに存在するのだ。私は一つの提言として美的・知的な読み方に、信的とも言うべき読み方を提示したい。

文学より神秘へと至る道——十九世紀ロマン主義と写実・自然主義の系譜

一

神秘と云うと、多くの読者は、眉を潜めてしまうかもしれない。ウィリアム・ジェイムスが言うように、神秘的な体験はわかる人にはわかるし、わからない人には決してわからない。ある人ははじめからそれを感じていたかもしれないし、またある人は何らかの経緯を経て、感じるに至るかもしれない。その経験は個人の数だけ多様で、導かれる方法も数多くある。

ところが一部の人が経験し得るこれらの事柄は、不思議に地域と民族に拘わらず共通している。つまり、いつでもどこにでも同じ経験をし、似た思想が生み出される。「神秘体験」を「人の知識では到達できず、体験した人にしかわからないこと」と定義する時、世界で発生した様々な宗教の中にその痕跡は確認できる。ユダヤ教、キリスト教、イスラム教をはじめヒンドゥー教、仏教にも明らかに存在するし、特定の教派宗教を超え出て、古代ギリシャのエレウシスの秘儀や一九六〇年代以降さかんになったニューエイジ運動に至るまで、宗教と同じ数だけ、いや、それをはるかに凌駕するほどの神秘体験は存在するのである。これはある意味では、宗教に関係ない人を巻き込んで、目下宗教にそれほど関心が向かなくなった現代においても、人々の内面に発生する一つの事柄である。

男女の出会い、夢の中での奇妙な出来事、これら偶然性を伴うものは、私たちの日常の先に、不思議な感覚、神秘的な事柄を経験させてくれる。もちろん、全くそのような経験を持ち合わせない人もいるだろう。しかし、場所と時間を問わず、一定の人々には大なり小なり経験されているのだ。

一方で神秘思想は、教派宗教及び宗教団体の中では、多くの場合、異端的に見られてきた。キリスト教において、その代表的な神秘主義者であるマイスター・エックハルトは、最初は異端の輩と見做され、イスラム教ではスーフィズムの解釈を巡って意見が提出され、ユダヤ教においては、近代におけるマルティン・ブーバーやゲルショム・ショーレムが興味を抱いたハシディズムやカバラへの、正統派などの反論を見れば明確である。わかる人にはわかり、わからない人にはわからないものが、普遍性を確保出来ないのは言わずもがな、他方でどこにでも見られるのも、神秘思想の一つの特徴である。

人間には隠れたものを求める傾向が、一部の人には存在するらしい。すると人間にはいくつかのタイプがあると言えるかもしれない。国地域の文化的差異とは別にして、それを超えていわばインサイダーとアウトサイダーに分けられ、そこの中で一つの普遍的な事柄が存する、と考えることもまた可能であろう。私の見解ではどの時代にあっても、神秘を求める人とそうでない人がいて、時間の前後関係なく、傾向は続いている。要するに、古くは摩訶不思議なことが多かったが、現代は科学の進歩によって、神秘を感ずる人が少なくなったというよりも、その時代にもやはり神秘を信じない人がいて、それは今に至るまで変わらないのではないか。

私たちはいくら科学が万能になろうと、宇宙の神秘、生命の神秘には、全くもって近づけていないのである。どんなに世界が解明されようと、心理的な分析が進もうとも、探れば探ろうとするほど、それらは無限の広がりを持ち、私たちの前に立ち現れて来る。だからこの点においては、私たちは何ら進歩もしていなければ、目が良くなっているわけでもない。さらに皮肉なことには、機械化が進んだことによって、私たちが生身の人間として持っている感覚は著しく低下している。地図を見ないと定められた場所に行きつけないし、天気予報がなければ私たちには雲を見る力すら失われている。人間が科学的には進歩しているのに対し、摩訶不思議な対象は変わらず存在する。時代の変遷に拘わらず、私たちの力はあまりに小さいものだった。深く何かを覗き込もうとする人は、深淵に引き込まれて、神秘の世界を感ずる。これに古今東西の差はない。

また、いくら生活が変化したといっても、私たちの世界は良くなっているのだろうか。苦しみは減じているだろうか。場所によっては戦争が続き、科学万能信仰の元には、二つの世界大戦が生じた。むしろ事態は悪化しているとする向きもあって、そのような考えが、過去や未来、そして天国や地獄を想像させる。ロマン主義とはそのようなものだった。直接に現実に立ち向かい、そこから何かを得ようとするのが写実・自然主義だとしたら、両者の違いはあまりにも明白である。

しかし、ここで神秘を求める傾向があるとしたら、ある人にとっては、今生きる世の中に充足感を覚えていないからに違いない。もしこの世に不思議なものはなく、悲惨な状況が存在しなければ、私たちは現実の世界を直視もせず、また夢想もせず、そこに埋没して生きることが可能だろう。自分の存在、この世の始まり、その他あらゆる哲学的考察は、私たちが不安や苦しみによって、現実から距離を置いて立った時にはじめてやって来る。禁断の果実によって人間が知恵を獲得したこと、それによって楽園を追放されたこと、これらは不可分な関係になっている。二つは絶対に引き離せない。順序はどうであれ、私たちは楽園を追放され、苦しみの世界に身を置いているからこそ、哲学的な思考が可能となった。日夜、食を求め、精神は荒廃し、憎しみ合って生きる。苦悩と憎しみと不安の世界が、また同時に離れ去った思考と神秘へと向かわせるのだ。

娑婆、忍土、穢土、人間の生きる世界があまりに苦痛に満ちあふれた世界だという観念は、どの地域や宗教にもある。だからこそ救済を求め、浄土を求める。あらゆる時と場所にも共通して、この悲観的世界観と厭世観が、私たちを神秘に誘うのだ。その点ではコリン・ウィルソンが指摘する通り、現実社会に馴染めないと思うアウトサイダーの心には、どこか悲観的な観念が付き纏っている。この前提条件は絶対的なもので、幸福の内には、神秘に向かう意志はまるで生まれて来ない。苦しんでいる人、悪から立ち直れない人、何らかの救済を求める人のために、神や仏があるのは事実なのだ。

従って、神秘思想は全て負の面から始まっている。しかし、子供が神秘的な世界に誘われるのは、子供がまだ生命の神秘の中にいるからである。子供の時に起こる摩訶不思議な現象は、絶対の幸福のうちにあっても、私たちに経験されうる可能性を有している。子供が神の国に近いとはそれ故である。人間は成長しているうちに、客体的な事物との距離が生まれ、思考が発達し、あらゆるものから離れ孤立する運命を辿った。これはあらゆるものとの調和関係にあった幼少期とはまるで異なっている。そして、私がこれから述べるのは、大人の神秘についてである。

私たちは苦しみや悲しみを感じた時に孤独を覚えるが、孤立が深まれば深まるほど、神秘への希求は高まる。これは実際に物理的に孤独であるというよりも、「誰にも理解されない」という精神的な孤独によって増す。政治や芸術が荒廃し、現実が見るに堪えられなくなった際、隠れたものを探し求める傾向が生まれ出る。神秘主義の語源がギリシャ語のミュエインから来るのは、まさにこのためで、私たちは、少なくとも確固たる自意識を確立した時には、この穢土を生きるための手段として、一時的に目や耳を閉じるのである。

しかし、これが人間の一方的な試みにおいて成り立つのであれば、それは一種の逃避行動で、神秘には成り得ない。何らかの働きかけがあって、神秘的状態に到達する。このように考えると、少なくとも、古代及び中世において、神秘主義が生まれ出た社会的な状況を、簡単に調べることはできないし、私にはそれを調べるほどの膨大な知識もなければ能力も備わっていない。作業が困難なのは、どこの場所でも神秘主義的な事柄は報告されているからである。しかし、近代に限定すれば、科学的な観念及びデカルトにおける主体と客体の言及から、はっきりと主体的な自我が確認され、その時代の神秘主義の特徴が見えて来る。

二

デカルトの思想の影響から、どの時代において、社会的現象に連動した確固たる近代的自我が形成されたのかを確定するのは難しいが、人類が大航海と世界的な商業システム、ないしは科学の発展によって生んだ繁栄の先には、すでに多くの関連が生じている。植民地化と乱暴な侵略が報告され、実業面でも暗雲が垂れこめるが、精神上でもまた大きな悲劇をもたらした。エリッヒ・フロムが、ウェーバーの論に従って、プロテスタンティズムによる近代精神の勃興が人間を地縁・血縁的共同体から自由にし、その後すぐに自由を持て余してしまったと述べたように、人類は近代的自我の成立と共に、すでに悲観と絶望を感じるようになった。まるで大人になりたがった子供が、あまりにも過酷な社会の現実を突き付けられたかのようにである。

今まで直視せずに済んだものを、独り立ちによって完全に目が開かれた私たちは、まどろみから抜け出て、その現実に目が眩んでしまった。周りを見れば、主体となる自分はただ一人で立たされ、子供の時に統一されていた事柄は、向う側に立ち、私たちとは分裂したものとなっている。そして、不幸なことには、地縁・血縁的な関係性から抜け出たことによって、他者との間柄から自分の役割を見出されず、「自分とは何ものか?」という強い疑念が浮かぶ。これが近代における神秘主義の基本にある。そこには、孤立して見失われた自我、隠された自我の探究にその特徴が見出される。どこまでも人間中心的な、もっと言って良ければ実存的な、宗教の枠を超えたところから、近代的な神秘主義が生まれて来るのである。

　この萌芽は、例えば、マイスター・エックハルトにみられる。エックハルトは従来の神秘思想が、神との合一、ないしは限りなく神に近づこうと苦心したのに対し、その結合を外的な問題ではなく、完全に自らの内面の中に認めるよう促した。神は外側にあるのではない。自分の中にあるものなのだ。それは自らの外側に神を求め、その本質に結合することが異端として断罪されたように、当初、自分の中の問題であっても、エックハルトの論は異端の嫌疑にかけられた。ところが、彼の主張する「魂における神の子の誕生」は、今まで異端にかけられた考えとは根本的に異なり、あくまでも自我の中での問題に消化される。隠された本当の自分を見つめ、それを見つけ出すとの考えは、ゾイゼ、タウラー、さらには時代を下ってベーメに至るまでドイツの精神に流れる根本思想である。これはドイツ文学にも流れ、同時に近代の先がけになった思想であったのは疑い得ない。近代とは、主体と客体とが切り離され、客体への考察が次第に主体中心の考察に漸次的に移り変わるのを示している。それは哲学、神学、文学を問わず、二十世紀の現象学や解釈学に至るまで脈々と繋がっている。

外から内面に移行する傾向は、同じドイツのルターにまで生きている。ルターやカルヴァンがアウグスティヌスに回帰していったのはいわば当然の成り行きだった。全てを心の問題に帰したアウグスティヌスの思想が、近代への移行期に注目を集めるに至った。このようにして普遍的理性を求めてきた西欧思想の流れが、徐々に世界規模に拡大したのとは裏腹に、個人的な感情を求めるように移り変わるのだ。個人はそれぞれに切り離されて、内面にその救いを求めようと苦心し、その思想を発展させる。

宗教改革によって完全に方向づけられた精神的な傾向は、時代を下るごとに社会現象に顕在化されてくる。マックス・ウェーバーが言及したように、プロテスタンティズムの倫理が資本主義の精神に直接的影響を及ぼしたのを始め、産業革命及びフランス革命なども、近代的精神の一つの顕在化に過ぎない。中世後期から形づくられ、十六、七世紀に思想面での整備がなされ、十八世紀に至り人間個人を中心において完全に社会現象にまで接続し、人間を新たなる次元へと移した。漠然とした思想が一人ひとりの人間の中に植え付けられ、理性と感性の相克の中で時代は変遷していく。個人レベルに思想が行きわたっていくのは、十八世紀後半あたりだろうが、それは人間を自由にする一方で、困難に直面させていった。

社会に帰する方向と云うよりも、まずはそこから目を逸らそうとする個人の中で変化が表れ始め、ロマン主義という新たな思潮を生み出した。この思想には、社会との関係性が強く滲み出ている。社会が変容し、個人主義が浸透したところに、人間の絶望が出現した。ルソーが述べた「自然へ帰れ」との警句には、ロマン主義の思想が極めて個人主義的に見えながらも、社会に対して明確な主張を持っていたことが窺える。近代的な自我は、古くからの共同体から抜け出たため、孤立しても形式的な古典主義からの超克を求めた。合理主義に対し、感性が称えられ、理性の網の目からすり抜けた人間個人を称揚する。合理が極まるほど、私たちは抽象的価値に縛られ、個々人の問題は牢獄に閉じ込められる。様々な赤いバラがあったとしても、それを「赤いバラ」と言語化すれば、それぞれの個性は私たちの想像の及ぶところではない。主体的自我が、合理化された社会に対する強い悲観によって顕在化された点では、後に現れる様々な考えに、ロマン主義は先行するものとなる。

　情熱的な恋愛、自然の賛美、ないしは自殺の問題は、現実からの分離欲求と種々の分裂を印象付ける。客体への関心から主体への関心に重点が動く近代の思潮と、近代の個人主義的社会に対する失望とが、より強い内面への洞察を形づくる。人間はなお自由を求めながら、個人でいることの苦悩の中で引き裂かれているのだ。十九世紀の人間は、矛盾に引き裂かれ、さらに内面へと考えを深めていった。

　従ってそこには、強い近代社会への反発がありながらも、思想自体もまた近代の流れに連なっているという矛盾が生じる。完全に近代人は内面的な袋小路にぶつかったのだ。ノヴァーリスが「内面に向かい神秘の道が通じている」（『青い花』）と述べるのは、ロマン主義が少なからずこれまでのドイツ神秘主義の系譜にあって、敬虔主義の影響下にあることを、私たちの脳裏に深く焼き付ける。『青い花』での世界と個人の救済は、近代の神秘思想の傾向である自己探求と、孤立した自己の人格的な統合を思い出させるだろう。ロマン主義は、現実を超克し、想像に自らの居場所を求めようとするところにあるから、私たちには容易に神秘主義との繋がりを探ることができる。また彼らがルソーに始まり、シャトーブリアン、ネルヴァルらが自伝によって内面を探っていこうとするのは、強い社会に対する絶望に対し、社会よりも個人への信頼が垣間見える。悲観と絶望に向き合いながらの逃避行が続けられる。

しかし、ロマン主義は個人を念頭に置いているうちには、実に有効な手段になるが、流行と化し、多くの人々に受け入れられていく内に、観念そのものが自滅を始めていった。つまり共有されて、多くの人に伝達される段階において、体系化、合理化されると、個人主義によって生まれたロマン主義は社会的な規模にまで膨れ上がり、他方からの攻撃が無くとも、勝手に自滅していく。体系化と合理化を著しく拒絶した思想は、個人から抜け出る時、個人を無視して、巨大な観念を構成する。

だからロマン主義は個人の中にだけとどまれば、一つの有効な手立てとなり、批判される筋合いのないものだが、これが体系化されて、観念論と化す時、自己分裂を引き起こし、論理的整合性が失われる。ショーペンハウワーやキルケゴールが、ドイツ観念論の哲学を似非哲学だと断罪し、またカール・マルクスがヘーゲルを批判的に継承していったのも、個人が見失われたことによる反発の一種だった。彼らの内に十九世紀特有の深い悲観があるのは明らかだが、個人を取り戻そうとする積極的な姿勢は、後に大きな哲学的思潮である、生の哲学と実存主義の萌芽を見出したのである。

三

従ってロマン主義から次の段階に進むのは、決してこの思想の全てが悪いのではなく、あれほどまでに拒絶した体系化と合理化によって、観念論にまで堕落したことが問題だったのだ。個人レベルにおいては、実に有効な思想であったが、体系化を好み、一つにまとめようとする普遍的な人間の傾向にぶつかり、特にフランスでは一八四八年革命のラマルティーヌの敗北に伴って瓦解したのだった。ロマン主義が悪いのでなく、極端な方向にまで進んでしまったがために、反動によって、次の時代の写実・自然主義へと舵を切ることになった。悲観的な社会の見方と、現代社会への告発をする点は、ロマン主義の概念を引き継いでいる。ロマン主義と写実・自然主義は、敵対する考えでなく、近代の産業化やその他の傾向に対して生まれた双生児に過ぎない。十九世紀は一方で、ずっと悲観的な考えが横たわっていた。想像が体系化すると分かって、それが転じて現実の方向に向いただけなのである。このように考えると、思想の流れも突然変わったものでなく、漸次変化していることに気がつく。私たちはエミール・ゾラの自然主義に至り、科学的な面が強調されるまでに、その中間にいる人々を容易に想像することができるだろう。バルザックなどは、ロマン主義の中に入れることができるが、無論、写実主義のはじめであると考えることは可能だし、フロベールに至っては、すでに自然主義の萌芽をも、彼の内に見てとれるのだ。想像と現実との間は、そう簡単に割り切れることではなく、私たちはそこに共通したものを見る。

　ロマン主義の芸術家から、バルザック、フロベール、ボードレール、さらにはモーパッサンに至るまで、私たちは一貫して現実社会への悲観と絶望を垣間見る。世紀末文学もその枠組みに入れても良いかもしれない。アウエルバッハが言う通り、ロマン主義と同様、リアリズムもその悲観的な傾向によって形づくられるのだ。私たちは、それぞれの思潮を対立させて見てしまいがちだが、これらはいわば〝近代悲観主義〟と名付けられるような、より大きな思潮の枠組みで捉えることが可能になる。十九世紀後半に活発になる写実主義の潮流は、ロマン主義から多くを受け継いだ。ここで語ろうとする近代的な神秘主義、要するにそれを人間個人の探求と、孤立化した個人の解消に見る時、ロマン主義よりは分かりにくいが、写実主義にもまたはっきりとある種の神秘主義的な傾向が伝達されていった。悲観と絶望から現実を書くことは、何の希望にも繋がらないと考えるのは一見妥当な反論に見える。しかし体系的宗教が影響力を失われ始めた時に、文学はより強い宗教的な役割を担い始めた。

　スタンダール、バルザック、フロベールと時代が下るに連れて、文体は写実的になり、作品に描かれる人間は、次第に中流から下層へと下っていくが、かといってそれは決して神秘から離れるわけでなく、むしろそこに自分の立つ現実と同様の事を見て、私たちは一種の共感を呼び起こされるのである。孤独な人間が、自分の心と通じ合う人間を、小説の中で見つけ出し、拠り所とするところに、写実・自然主義の神秘の特徴があるのだ。フロベールは、はっきりと写実主義にこの効用を見てとっている。彼がマダム・ボヴァリーの悲劇を描き、救いようのない宗教の力を皮肉りながら、なおも宗教と神秘、そして人間の救いに興味を持つのは、この事実を象徴的に表している。フロベールはマダム・ボヴァリーの臨終の場面で、ヴォルテールやドルバックにかぶれた、近代的人間の象徴とも言うべき薬剤師を使って、司祭に対してこう仕向けるのである。「あれ！　あれ！　聖書ということなら、歴史をひもといてご覧なさい、イエズス会によって聖書の本文が竄されたことは周知の事実ですよ」。

フロベールは社会において既成宗教の影響力が弱まったことを感じ、写実主義こそが新たなる宗教の代用になると考えていた。彼は自らの内にある悲観によって、これまでの宗教に対して少なからず疑問を抱いていたのである。しかし、まだ希望を見出そうとして、宗教や神秘、つまり根源的な意味での人と人との繋がりには望みを持っており、孤立した近代人の新たなる救いを創生しようとしたのだ。そしてこのフロベールによって、写実主義は完成されたと言われる。写実の手法は、あくまでも主観的な人間が、作中の人物を客観的に描くという大いなる矛盾を抱える。ここにもまた、神秘主義的な考えが現れるのだ。アウエルバッハが書いた通り、マダム・ボヴァリーは「ただ見ているばかりでなく、見る者として見られ」、作者は神のような視点に立ち、限りなく神に近づいて、作中人物を創造する。一人では寂しいだろうと神が思って、アダムに対してエバを創造したように、孤立した近代人に新たなる繋がりを持つ仲間を創出する。

写実文学の読者が本の中に書かれた主人公や登場人物に共感を得て、孤立から解消されようとするのは、エーリヒ・フロムが述べる、自由を持て余し、孤立した人間の大きな救いになる。ロマン主義と目的は同じで、全ては近代人の悲観と孤立からの解放にある。フロムが、その後に、人間が孤独に耐えきれず、ナチスのような組織が生まれるに至ったことを述べたが、十九世紀には、何とか孤立を解消するための様々な試みが、無意識的にではあるが確かに見られたのである。

『ボヴァリー夫人』の発表された一八五六年末から一八五七年の「ボヴァリー裁判」に至るまでの時期が、写実主義の完成と発展に大きな意味を持って、二年後に世界に衝撃を与えたダーウィンの『種の起源』との対応関係を物語る。フロベールが小説の中で薬剤師に語らせた聖書に対する言葉は、これらの社会的事情と相俟って、文体もさることながら、社会の現実を先取りして説明している。ここから先、写実主義は、より科学的・社会的な方法をとり、ゴンクール兄弟に接続して、さらにエミール・ゾラの思想を導き出す。ゾラが、クロード・ベルナールの意見に同調して、種々の実験を考え出すのは、それから十年ほど後のことである。彼の実験的な傾向は、一個人に向けられるというよりも、社会の内実を描くことによって、そこから一人の人間を映し出すという方向へ進む。ロマン主義が、徹底的な個人主義と主観的な立場をとったのに対し、その反動は科学と社会を目指した自然主義によって、対の極みにまで振られたのだ。

しかし、実験的な立場であっても、ゾラやモーパッサンが、一人の人間を描き出して、そこに読者の共感を獲得したのは疑い得ない。モーパッサンを見ればわかるように、近代人の悲観はロマン主義の頃から十九世紀の後半に至るまで常に続いている。パリ・コミューン以降に社会主義的な傾向が生まれ、ゾラが政治などに関心を持つのは、悲観から抜け出そうとする思いが社会的な行動へと向かわせたものだった。トルストイもそうであったが、悲観的な状況から抜け出すために、芸術から抜け出て、政治やユートピア思想に目を向けるという状況が、世紀末に向けて強まり始める。これは、この時代に限らず、繰り返される現象の一つかもしれない。この悲観的な状況から脱するべく行われる社会的な行動への参加は、十九世紀文学の過渡期を意味する。これまでに芸術の内で、近代的な自我の救済に乗り出した芸術は、ここに終焉を迎えようとする。同じことは、二十世紀にも繰り返され、悲観的傾向を有したサルトルが、アンガジュマンの思想を引っ提げて政治活動をするのは、同様の意味を含んでいる。このことに関しては、悲観的な人間の行く末として、コリン・ウィルソンが痛烈な批判を繰り返しているが、この実践的行動の是非は今後も深い考察を要するだろう。

かくして、写実・自然主義文学の流れが、政治やユートピアに接続していった。もう一方は芸術に留まり続け、フローベールの後継者としての意味合いが強かったモーパッサンが亡くなり、ユイスマンスが科学化と社会化からの反動として、作品自体が主観的、神秘的な方向に舵を切ったところに、世紀末文学への接続が完了する。これを持って、近代悲観主義としてロマン主義から至る、文学思潮が一区切りをつくわけである。象徴主義が終わってから、二十世紀の芸術は個人を離れ実用的、政治的な傾向を強く帯び、徐々に変化していくのだが、十九世紀文学は、私たちが未だにスタンダールやバルザック、フロベールを語り、またドストエフスキーやトルストイを語るように、他の国に多大なる影響を及ぼし、日本にも一大ムーブメントをもたらした。近代日本文学の形成は、ロマン主義から写実・自然主義へと至る十九世紀文学の移入に始まって、次第に発展と変容を繰り返していったのである。ロマン主義によって封建的な社会からの主体的自立を目指し、そこから近代化の壁にぶつかり煩悶し、ショーペンハウワーやニーチェの影響を経て、日本は自然主義文学の大流行を迎えていった。無論、伝統が違う国では、その科学的社会的な影響は極めて薄いが、日本の近代文学が多少の順序の変更はあれど、十九世紀の流れをそのままに歩んでいることは、明らかである。

四

孤立した自我の解放と救済という、十九世紀文学の恩恵は、日本にももたらされ、フロベールと同じように、丹羽文雄などは、写実・自然主義文学を宗教的な文学として位置づけ、その傾向は、大正期の私小説の大流行をもって、さらに加速する。主人公に共感を持つならば、実際にいる人物を描き、さらに恥を顧みずに自分のことをさらけ出せば、感情の交流はより深いものになり、いわば全体的にアウトサイダー的な傾向を持つ、孤立した近代人の慰めと救いをもたらすことができる。

私小説は、言ってみれば、ロマン主義と自然主義がうまく合成した代物である。社会を暴く方向に向かった西欧型自然主義は、日本でうまく花開くことはできず、個人を暴くことに特化していく。藤村の『破戒』と花袋の『蒲団』があり、後者に近代文学が流れていったという従来の主張は概ね合っており、日本文学は後者に向かう運命を担っていた。社会の変容と科学の発達段階とは、西欧の場合と明らかに異なっているし、日本人が持つ感性が、自然主義の科学性に目が向かなかったのは、無理もない。日本で自然主義作家と言われている人々は、文体は客観的なものでも、社会に関しての客観的で理性的な観察はそれほど伴わない。冷徹な目で社会を覗き込む点なら、耽美派と称されるようになった永井荷風の内にそれを見るべきだろう。

個人主義的で、感情を優先し、自伝的要素を多分に有しているのは、むしろロマン主義に近い。自然主義に先んじていたロマン主義が、気質をそのままに、自然主義文学の到来を迎えたのである。詩人から出発した藤村や泡鳴が、ロマン主義的な詩人とされながらも、小説家としては自然主義文学の巨匠と見られたのは、よく云われる通り、この奇妙な倒錯を如実に示している。要するに日本の土壌は、西欧においてのロマン主義と写実・自然主義の分化がうまく機能しなかったのだ。スタンダールやバルザックが、その中間に位置すると言ったように、ロマン主義と自然主義とは、はっきりと区別できない同質な面を持ち合わせている。日本における受容が、様々な取捨選択によって完成したのは、一重に西欧だけの影響だとは限らない。取捨選択は伝統の土壌があって、はじめて可能になった。

日記文学が私小説の直系であるとの考え方があるが、これは確かに無関係ではない。自分の情けない生活、例えば、『蜻蛉日記』における夫が帰ってこない妻などの暴露話は、他の国ではあまり見られる話ではない。自分を題材にすることはあっても、極端にさらけ出すのは、日本のお家芸だろう。語り手が主人公でありながら、それを客観的に、物語風に書くところに日記文学の特徴があると言われるが、もし、マダム・ボヴァリーは「ただ見ているばかりでなく、見る者として見られ」ていると述べ、フロベールがこの技術を発明したことにより、近代的リアリズムを完成させたと述べたアウエルバッハは、日本の日記文学をどのように思うだろうか。同じことを千年前の日記文学の作者が、かなの文芸が生まれた初期の段階に始めているのである。だから、私小説が同じ系譜の中にあるのは、疑いのない事実であろう。伝統と新たな文化の移入によって、より一層、孤立した一部の近代的自我を癒すような、強力な文学形式が誕生したわけである。フロベールが主張した宗教的、ないしは神秘的な側面は、十九世紀西欧の場合よりも、より強いものとして立ち現れる。かつてわが国では、以下のように私小説の宗教性や救済について述べた言葉が語られてきた。

ここで日本に宗教文學があるかどうかといふ問題が起こるのだが、私はそれに對して消極的な氣持しか持ち得ない。正宗白鳥が死ぬ時にアーメンといつたかどうかといふことと、椎名鱗三の近頃一連の虚脱的な小説と比べて、前者の方に人間の魂の問題として深刻なものがあるのは確かだが、然し椎名さんの小説のやうなものが出来たのはハッキリ戰後の現象である。つまり戰前には信仰といふことが一つのオーソドクスの事實であり、これはキリスト教の傳統のないわが國では絶對的なポスチュラートなのであつた。だから少し詭辯を弄すれば、椎名文學はわがキリスト教に對し「スターリン批判」的な役割を持つたといへようか。

何れにしろ私のいひたいことは、このような宗教文學が現れたことは、少なくとも太宰治の「私小説」解體文學の延長であるといふこと、そして日本の私小説は、宗教のないわが國にあつて、宗教文學の代用をなしてゐることである。（河上徹太郎「私小説の變質」）

おもしろいことには、別に宗教に関心を持っていない文学者―小説家、評論家がときどき自分の文学論なんかを発表する場合に、表現としてこういう言葉を使っている。つまり、出家遁世の志を抱くとか、または私小説作家が非常に自分の小説に熱心のあまりに、そういう姿はまるで苦行僧のようであると言ったり、また私小説作家が自分の小説を一種の修行の道場のように考えているというようなことが問題にされ、その作家自身も小説を書くことを修行道場のように考えているというような、この言葉、これはもちろん宗教的な言葉で、文学者が宗教的な言葉をかりて、自分の気持なりを表現しているのです。たとえば葛西善蔵などは、まるで修行僧のようにきびしい精神生活を続けた作家だといわれている。こういう人は私たちの周囲にも幾人かおります。この人たちは、自然主義文学はわれらを宗教の門に導く、宗教的というところまで接続させるという言葉がぴったりあてはまると思います。宗教の門にもう近づいている。いま一歩というところなんです。一歩踏み切ったら当然宗教という門に入ってしまうのですが、そこまで行っているんです。

（丹羽文雄『小説家の中の宗教 - 丹羽文雄宗教語録』）

私はここではいわゆる「私小説作家」だけを対象に択んだが、私はそれによって先ず日本の近代の文学における intérieur とも名附くべきものを描きたかったのである。そのように自己の為事を限定すること以外に、私はとりとめのない方向に動きたがる私の興味にはっきりした形を与えることが出来なかったのである。個々の作家の肖像を描き分けるという最初に意識された目的を、私はいつの間にか第一義的なものとしなくなり、いつの間にか文学から倫理へ、さらに宗教へと想いを馳せることが多くなった。私の筆は概して求道家、求信家としての彼等の究明に走ったようである。

（山本健吉『私小説作家論』初版あとがき）

社会（世間）が肯定の視線を注がない人間を、それならばいったいなにが救抜することができるのか。文学と宗教とが接点をむすびうる根本の契機がそこにあるのではなかろうか。むろん、文学と宗教とは同じではない。親鸞は、他のあらゆるものを一つ一つ捨てていって、究極、「南無阿弥陀仏」という念仏のみを残した。さらに一歩すすめて捨てれば、全き沈黙であろう。だが、文学はそのように言語を捨てていくことはできない。あくまで人間を描かねばならない。「煩悩具足の凡夫」なるものを、具体的な人間に即して、具体的な生命をもったイメージとして描いていかねばならない。描くことをとおしてしか救抜することができない。私小説がなしえたそれが最大の仕事にほかならなかったのではなかろうか。

（松原新一『「愚者」の文学』）

文学に慰藉を求めるのは、鑑賞の邪道かもしれぬが、一つの方途ではあろう。私の小説鑑賞は、じつはそれにつきるのである。若い時は、文学上の名作・大作と呼ばれる東西の作品を、いわば義務感で読んでもみた。それはそれで私に多少の文学的知識を与えてはくれたが、受験勉強の暗記ものみたいなもので、味読できたとはいえない。小説を読み込むには、読者はそれなりの人生経験が必要なのではないか。少なくとも凡庸な私には、作家のねらいを読みとるには、頭脳だけでは足りなかったといえる。
かつて私は、小型トラック一台分の書物を古本屋に払い下げてしまったのだが、あれらの本は、私の心を慰めてくれるものではなかった。今ではそう思って、自ら諦めてもいるのだが、ある真実をうがっていそうな気もするのだ。
（鈴木地蔵『市井作家列伝』）

これらに加え、日夏耿之介が云うように、自然主義の旗手だった田山花袋や島村抱月が、晩年になって宗教的関心に入っていくのを私たちは知っている。

私小説の書き手は、なるべく自分を客観的に見て、いわば神のような視点で自己を分析し、物語を構成していくのだ。コリン・ウィルソンが悲観的なアウトサイダーの救いは、自己を客観的に見ることにはじまると述べているが、これは自らを絶対的な孤立状態から引き離し、悲観的現実からの距離を確保する。あたかも、お遍路における同行二人のような、密教的次元のもので、それを客観的に書くことは、また同時に相手の共感を引き出して救済と慰藉とをもたらす。この流れが導き出される時、これらは自己中心的な営みではない。自己に始まり、結果的に他者に対して多大なる影響をもたらすことになる。ちょうど大日如来の内で、仏の悟りと衆生の救いが一つになっているのと同様に、実存から発した悲観からの脱出は、人に強い共感をもたらし、あたかも同じ心境にいるのではないかとの思いに誘う。孤立していた人間が、作品の中の主人公に共感し、なんとか生きていくだけの気力を確保するのだ。写実・自然主義は、ここに、より深い現実から、現実を超えたものまで内包するのである。

悲観主義のアフォリストとして有名なエミール・シオランは人の自伝を読み漁り、加えて神秘主義に対する関心も持っていたが、ただでさえ日本びいきであった彼が、もし私小説の存在を知ったら、おそらく熱心な私小説の愛読者になったことだろう。シオランの関心は、ちょうど悲観的な人間の、他者への希求を示しているのだ。写実・自然主義の流れは日本における私小説のように、二十世紀になってもなお、政治やユートピアに流れたものも多かったにも拘わらず、一定の読者を確保している。が、一方のどちらかといえばロマン主義的な流れを持った神秘的傾向の行方も、写実・自然主義の流れ、さらには二十世紀に至って、完全に途絶えてしまったわけでなく、むしろ、さらなる発展の形を見せる。

ヘルマン・ヘッセを新ロマン主義の一群の中に入れてしまっていいのか私には定かではないが、ドイツ敬虔主義の流れを汲み、後期の作品において、真の自己を探ること、あらゆる自然との調和を考える神秘主義は、ロマン主義の傾向を引き継いでいると言っても良い。情熱的な恋愛の数々と自然への賛美がそのまま自己の探求へと繋がっている。『デミアン』以降の小説は、ドイツの伝統にある教養小説の手法を用いながら、かつてノヴァーリスの述べた内面への道を徹底的に突き進んでいる。そしてヘッセが仏教に近づいたり、ドイツ神秘主義を研究した西谷啓治が仏教への関心を持つのは、故なきことではない。敬虔主義の道はかなり密教に近いのだ。

ヘッセの来た道もまた、十九世紀の悲観から神秘への一つの道筋になっている。私小説同様、ヘッセの作品も未だに読み継がれ、個人に与える影響は大きなものがあるだろう。

十九世紀が、フロムの説に従い、実存における近代的自我の孤立が明らかになってきた時期だとすれば、芸術は少なからず個人の孤立の解消に努めてきたのである。現実への悲観こそが一部の人間を芸術へ、さらには自己の探求と、地縁・血縁を超えた、目の前にいない他者との交流という神秘的な次元へと導き出す。さらにそこから様々な思潮が生まれるが、私の見解では、どちらの道から向かうかは、その人に備わった気質の問題だろう。ロマン主義に関心を持つ人、写実・自然主義に関心を持つ人、双方に興味を抱く人、どの道から行っても、なんとか生きる道を示してくれるように、十九世紀の遺産は、今でも私たちの中に残されている。ある人にとっては、未だに有効な手立てとして、絶望と悲観を辛うじて乗り越える手段になり、救いと慰めの道へと誘ってくれるかもしれない。

Ⅱ　日本の文芸において

文芸の土壌問題——近代における日本語と日本文学の宿命

一

文学は終わったと度々耳にするが、果たしてどれほどの人が、文学とはなんであるかを説明できるだろうか。私がみる限りでは、文学という語が持つ意味は実に混乱している。言語は、共通の概念を持って初めて議論の可能性を持つものとなるから、同じ言葉の中でも、各々が考える概念が違っていれば、そもそも議論は不可能である。大阪ではたぬきといえば、油揚げを入れたそばのことを指すが、東京でたぬきそばといったら、揚げ玉が入ったそばのことをいう。これは関西では天かすそばと言われるため、関西人と関東人がこの事情を全く知らずにたぬきそばについての話をすれば、頭に浮かぶ概念が違うから話はまとまらず、話は平行線を辿るに違いない。

実際に目にすることができない事柄に対しての説明は、さらに困難である。例えば、理性の対語としての感情という言葉を念頭に置いて話すとする。ある人が「小説は感情だ」と云って、一方の人が、いや「小説は理性的なものだ」と云うとしよう。この場合、どちらが正しいだろうか。小説を感情の伝染と考えれば、前者の説明はもちろん正しい。確かに小説は、評論に比べれば感情的な問題と考えられるかもしれない。他方、小説は言語を用いるから、理性的活動と見做すこともまた可能である。この場合、小説を理性であると主張する人は、言語を使うことに関して、理性という語を持ち出している。これもまた誤りとは言えない。

言葉にはこのように多義的な単語が数多くある。目に見えない概念を説明する場合、一つの単語に複数の概念が備わっている。異邦人に説明する機会が少なかったからか、日本語では、語の概念が整理されていない場合も多い（一方、思想や批評で使われる概念以外では、他の言語より細かく整理されている場合も多く、その行き届いた神経の細かさが窺える。例えば、宿、ホテル、旅館など）。ある言語が、人と議論するために発展したか、否かによって、各国語の論理性は、それぞれ大きく異なってくる。古典ギリシャ語やラテン語などの、西洋で発達した言語は、論理性に極めて富んでいる。弁論術（ディアレクティケー）と云われるように、これらの言語は議論することによって発達し、キリスト教時代になると、異端との戦いや神学者間の問答で、さらなる発達を遂げた。論理とは、人と人とがなるべく齟齬なく話をするためのルールである。本来、客観的であるのが言語の特徴だが、それをどこまで突きつめるかで、言語の論理性が変わってくる。日本語の発達段階では、徹底的に議論するということが少なかった。従って、高度な文化を有した国の中では、日本語は世界でも最も論理性の乏しい言語の一つである（もちろん、論理的だから良いわけでなく、これ程までに細かい感受性に対応できる言語もまたない）。

日本が城壁を持たない国であることも、この特徴を加速させた。中央集権的で、他国のように頻繁に支配者が替わることはなかった。替わっても、同じ概念を持つ日本語の使用者の中で替わるだけだから、支配者によって言葉の概念が変わり、他宗教や他の国から脅威を常に感じている国とは、その様相が全く異なっている。西欧や中東の諸国は、二千年も前からヘレニズム圏に組み込まれ、ところによればイスラムに編入されたりと、その広大な土地と、複数の民族を統一するための論理的言語を作る必要に迫られた。

論理的言語の典型はラテン語である。ラテン語は、抽象的な哲学的思想を説明するために優れた言語で、中世になると、もはや日常語とはかけ離れたものになっていく。思想を述べるための概念が思い浮かぶと、そこに新たな言葉を創造し、過去の思想をより発展させようとすれば、一つの言葉に当てはまる複数の概念を洗い出し、新たな意味を更新させるのである。理性という語をとっても、その言葉に対する考え方はそれぞれ異なる。概念について論じ合うには、それまで歴史の上で論ぜられてきた概念が、論者たちの共通の認識とされていなければならない。それができなければ、議論が成り立たなくなる。たぬきそばに対して、一方は油揚げを思い浮かべ、もう一方は揚げ玉を思い浮かべたら、議論は成立しなくなるのは当たり前の話だろう。特に思想を述べる時に使う言葉は、意味が一つではなく、時と場所によって重層的に積み重なっているから、それらを使いこなすには、それ相応の訓練を必要とした。

　中世のラテン世界において、哲学的な思想を扱うために用いられる言語は、誰にでも自在に操れるわけではない。日常言語は他の言語を使っているため、ラテン語を習得するにはそれなりの訓練を要する。ラテン語を習得しないと大学に入れないのは、思想を組み立てたり、議論することができないからであった。最低限の概念を知らなければ、彼らが使う言語の中から除けものになってしまう。ある人がどんなに記憶が良かろうが、計算が速かろうが、全く話にならない。だから思想史をまとめ上げて、ラテン語でそれを学ばせることが、新たな学問を切り拓くための最低条件となる。

　ところが、同一言語内で共通した概念を共有し、議論が成り立っていたとしても、他言語の話者が議論に参加する事態になると、そう簡単にはいかなくなる。双方の言語に似たような概念が存在しても、それが全く同じになることはない。それぞれの言語には、独特の概念があって、翻訳すると、そこに齟齬が生じてしまうことになる。まさしく旧約の神がバベルの塔の建設に憤り、言語を複数作って、互いが争うように仕向けたようにである。

　旧約聖書のヘブライ語では、日本語の〝言葉〟にあたる語を〝ダーバール〟と云うが、この語は、言葉という意味だけではなく、言葉と同時に出来事を現わす。つまり事は言なのである（日本語でも、奇しくも言と事は古くは近いものとされた）。イエスが行った奇跡や、受難の出来事が、日本語で云うところの言葉と同一語で表現される。つまり、言語に具体化する以前の段階の、その出来事も、また言とされるのだ。しかしながら、これがギリシャ語になると様相が全く変わってくる。同じ地中海地域の言葉であっても、ヘブライ語とギリシャ語では言語形態が全く異なる。今ではアフロ・アジア語族とインド・ヨーロッパ語族と区別されるように、両言語の間には大きな隔たりがある。ヘブライ語のダーバールは、ギリシャ語で書かれた新約聖書になると、ロゴスという単語に置き換えられる。ロゴスは日本語で訳せば、概念、意味、思想、宇宙万物を支配する理法となって、ヘブライ語のダーバールとは違い、イエスが行った出来事の概念は、すっかり抜け落ちる。要するにヘブライ語で垣間見えたイエスの身体性は、欠落するのだ。ロゴスとは元々、空想的な神話や物語に対して使う、ミュトスの対義語であった。それが後に、客観的な学に関する単語に転ずるわけである。ストア派はそれを神の領域にあるものと考え、神が世界に定めた理法を、そのロゴスと論じる。「はじめに言葉があった。言葉は神とともにあり、言葉は神であった」とヨハネ福音書にあるが、もちろんギリシャ語のため、ここだけ読めば身体性の問題は入り込まない。従って、ヘブライの思想にはなかった心身二元論の考えが、ギリシャ語に翻訳されることで、一部の異端的なキリスト教思想の中に入り込むこととなった。それが原因で論争が増えたと同時に、キリスト教神学の多様性の足掛かりにもなったのである。

実際、翻訳した際の言語間における概念の相違が、政治的分裂を引き起こすこともしばしばあった。この最たるものは、西方キリスト教会と東方キリスト教会の分裂である。十一世紀に教会が分裂してから現代に至るまで、両教会の分裂は解消されていない。その発端は、言語の翻訳から始まった。キリスト教の根本思想の一つに三位一体論があるが、この父と子と聖霊の関係がどのようになっているかを巡って、東西の論争が始まったわけである。当時、東方ではコイネーギリシャ語が使われ、西方ではラテン語が使われていたが、ギリシャ語の原語からラテン語へ翻訳された時、何らかのタイミングで両者の間に相違が生まれた。東方では聖霊は「父より出で」るが、西方では「父と子から出で」ることになっている。無論、言語問題が全ての問題であると語るのは早急であるが、主要な教義における相違が両者の亀裂を深くしたことには相違ないし、当時の政治的な事情がはっきりとはわからない今、言語の問題しか残っていないことは明らかである。あらゆる経験や事情は時間とともに消えていくが、言語に関しては消えることがない。だから現在、両教会で話されている最も大きな主題は、フィリオクェ論争と呼ばれる、以上に話した三位一体の理論であった。

多くの文化が交わるところには言語の問題があり、言語が彼らを結びつける唯一のものでありながら、また大きな論争の引き金になる。けれどもそれが、一つの概念から複数の概念を引き出す契機となり、さらなる多様性を育む地盤となる。西方キリスト教と東方キリスト教が分裂したことにより、人類の思想と文化がより多様になったことは、皮肉なことでありながら、紛れもない事実であった。

二

日本の場合、国風文化が花開き、日本独自の文化が形成され、それから千年近く経た明治期に初めて、西洋世界の言語の本格的な移入が行われた。島国であったのも幸いしてか、元寇など幾度の危機に遭遇しながらも、独自の文化を守ることができたのである。十六世紀半ばから西洋の文物が入り込み、概念も移入されたが、これは明治期に西洋の概念を翻訳したのとは様相が異なっている。アニマ、コンヒサンを始め、イルマン、パードレなどの宗教用語は、混乱を避けるため、はっきりと翻訳はされなかった。海外から入ってきたものは、カタカナやひらがなでそのまま使用することが可能であった。新たな概念を、無理に漢字に置き換える翻訳方法を、日本人とローマ・カトリック教会の修道士はそれほどとらなかったのである。カタカナやひらがなを予め発明していたことで、他国からの概念の移入による言語の混乱を最小限に抑えることができた。それに加え、日本は十七世紀から鎖国政策をとったため、西洋の概念に今ほど惑わせることなく、日本独自の文化は徳川二百六十年の歴史の中で再び花開くこととなった。

今まで他国が味わってきた翻訳語に、日本が本格的に惑わされるようになったのは、明治初年になってからである。この時、日本は西洋に早く近づこうとして、カタカナではなく、漢字で翻訳した方が何かと便利だと気付き、漢字での翻訳がなされた。ここで一時、大日にされていたデウスは、神となった。様々な概念が漢字を使って翻訳され、ギリシャ・ラテン言語圏、あるいはイスラム圏で論争によって構築されてきた思想言語が翻訳された。日本は初めて、広義の意味でヘレニズム化された。インド以西の多くの国家や宗教では、いわば古代ギリシャ人が養った概念を基礎として、数々の論争によって論理的言語を発展させてきた。思想を人々に伝えるための手段は、古代ギリシャの概念が担ってきた。その恩恵により客観的学問が可能になったのである。

それまでの間、日本に客観的学問が育つ土壌の余地は少なかった。私がここで言うのは、西洋におけるフィロソフィーの意味である。日本には異文化が入ることが極めて少なく、国家を脅かすほどの異国人の侵入もない。いわば、具体的に人に説明しようとする機会を持たなかった。よくわからない問題は、決定的な危機がなければ、あやふやでも構わない。深く論理的、もっと言えば抽象的概念を追求する必要はなかった。この状態に、ギリシャ・ラテン世界が神学論争や政治闘争で発達させてきた、日常言語ではない、人に確実に伝えるための思想言語が移入された。これらの言語に対応する概念は、目に見えるものではないため、翻訳する際、的確に自国語に移すことが極めて難しい。本来、知を愛する、との意味を持つフィロソフィーは、西周の翻訳により、哲学と訳される。哲学の哲とは、かしこいことを意味しているが、これだけだと説明が不十分で、何のことを指しているのか実に不明確であった。明治期に、多くの概念が早急に翻訳されてしまったため、今の今まで混乱が続いているのだ。それに加え、カタカナではなく漢字で表されたことによって概念の峻別ができなくなり、意味の混同をもたらした。全く異質の概念を急いで移入したのだから、その概念をより深く掘り下げることもできなかった。単語に対応する概念が曖昧なまま、単語だけが先走りするようになっていった。実際に講壇哲学の場で使われている、「存在」や「認識」などの語を、具体的に日本語で説明するのは難しい。よく講壇哲学を学ぶ人間が、ドイツ語で読むと理解できるのに、日本語にすると良くわからないと云うのはそのためである。

よって、明治の学者や文化人がまず行ったことは、移入された単語の概念がどのようなものかを説明することであった。単語の背後にある思想を確固たるものにするため、極めて不安定な、漢字での翻訳語を用いての論争が始まったのだった。議論するための言語が翻訳で変容され、かつ、その言語を使って、また新たな曖昧な単語を規定したから、作業は極めて困難なものになった。これは日本という島国がヘレニズム化されたことの、一つの宿命だった。

○

ここで論じる文学はliteratureの翻訳された語である。つまり、明治期の段階では文学といった際には、江戸時代の戯作とは完全に峻別された。西洋で育まれてきた文学概念を用いて、文学という単語の概念を確定する作業が、主に小説を中心に行われた。坪内逍遥はそれまでの勧善懲悪の文学に対する批判を行い、政治や経済から、文学を完全に独立させた。これにより明治の文学に対する概念規定の歴史が始まったのである。実際これを機に、二葉亭四迷の写実小説が生まれ、新たな段階に入った。けれども、坪内逍遥が用いた、「ありのまま」という言葉が、時代の影響もあってか、独り歩きした感は否めない。というのも、これとほとんど同じ時代に、フランスではゾラによって自然主義の概念が打ち立てられて、遺伝と環境による人物描写が、小説の中で実験的に取り入れられるようになっていた。ゾラの概念は、明らかに西洋の思想の延長線上になるもので、当時の印象派の画家らと同時に、その思想の希薄さが批判の的となったが、本来は歴とした思想を持つものだった。西洋でのダーウィンの出現が、ゾラに実験小説の可能性を見出させた。ところが、これを日本に転じた場合、西洋思想の伝統と背景とがない日本人には、小林秀雄らが主張した通り、自然主義における実験小説の概念が浸透することはなかった。ありのままを見る、生活に即する、自然を描写するという、自分たち日本人の性格に合わせた文学を構築することになったのである。従って、初めの段階からすでに、日本では西洋の概念としての literature とは、根本的に異なる概念が含まれるようになった。

この概念のズレこそ、日本に移入された文学を日本文学たるものにする所以だが、文学という単語の概念を、はなはだあやふやにしてしまうものでもある。概念が定まらないままに議論が進んでいけば、次第に成りたたなくなることは明らかで、それによって無駄なやりとりが行われる。その懸念に対し、文学概念を、より literature の語源に近づけようと苦心したのが、鷗外、そして漱石らだった。彼らは逍遥及び、自然主義派の攻撃を行った。彼らにとり、両者は峻別することのできない共通の敵であった。鷗外は逍遥との論戦で、没理想の概念を持ち出して、漱石は美知情意と、西洋の伝統に連なる概念を用い、自然主義の作家に対してフィロソフィーがないことを散々に批判してきた。このフィロソフィーなる言葉が実に混乱を招きやすいが、鷗外や漱石が言いたかったのは、逍遥及び自然主義派の文学には、抽象的思想、もっと云えば主題が希薄であるとのことだった。literature の概念を語る際、以上の指摘は極めて重要である。文学は、西洋では基本的には思想や社会批評を孕んでいるものを云う。初の文芸理論書であるアリストテレスの『詩学』(ポエティカ)の中で、必要条件としての思想の重要性がすでに語られている。また、例えば、ロシアに近代文学を移入したプーシキンにおいても、写実的な心理描写と同時に、思想が literature の概念には必ず用いられねばならないとされた。このことを鷗外と漱石は必死に言おうとしたのだが、健闘も空しく、明治期に作られた日本の文学概念は、自然主義の方向に引っ張られるようになる。

皮肉なことに、漱石もまた西洋から離れた日本の特異性を導き出そうと試みて、自らを分裂させた。彼は、日本という土壌と、決して合致することのない西洋の概念との間でもがき苦しんだのである。漱石が自然主義的でありながらも、現代への問題意識の強い、藤村の『破戒』を日本的な文学作品だと絶賛するのはこのためで、またもう一人の旗手である鷗外も自然主義派に引っ張られて、ドイツの自伝小説の形式をとりながらも『キタ・セクスアリス』なる暴露的な作品を描くまでになったのも、このためだった。自然主義の概念が勝利したのではなかった。むしろこの派の概念は人により多様で、極めて曖昧なものであった。事実、論理的な整合性に関して言えば、明らかに鷗外や漱石の方が優れている。

鷗外や漱石の後に、彼らほどの文学論を展開できる巨大な後継者が不足だったことからも明らかなように、西洋から移入されたはずの文学概念は、日本に来て異質なものに変わった。そして鷗外が亡くなった直後、本格的に、自然主義の後継といえる私小説という言葉が生み出されるようになった。私小説は、鷗外や漱石の望みを消し去り、日本の文学の中心に座った。さらに、久米正雄が主張したように、私小説でなければ文学ではないというような、日本に独自の、完全に西洋語のliteratureとは異なった概念が生み出されたのである。この私小説の存在が、日本の文学の概念を完全に混乱させてしまった。何故なら、私小説とはいえ、その概念もまた曖昧なものだったからだ。だから結果的に、日本では文学の概念も定まらず、私小説を文学の王道と考える者と、そうでない者との間の論争は、概念が未確定であることから、嚙み合わなくなっていった。

私小説こそ文学の王道であると考えた者は、厳密な理論よりも、それが当然のことのように話した。それに対し、この考えに反発する者は、新たな文学思潮を持ち出し、私小説への攻撃を始めるのである。私小説以外の文学思潮は、全て海外から移入されたものだった。私小説が大正期に隆盛を極めると、関東大震災後には、新感覚派とプロレタリア文学の作家が本格的な活動を始めた。彼らが乗り越える対象が私小説だったことに相違はない。現に徳田秋声、志賀直哉など、自らの身辺に題材をとる、広義の私小説の書き手は、見事に表舞台に現れなくなった。ところが続いている私小説批判にも拘わらず、新しい文学思潮が衰退すると、また私小説風の作品が増え始め、戦後に再び文学が活発に動き始める際も、海外からの文学思潮を取り入れた近代文学派やマチネ・ポエティックの人々に、私小説は絶え間ない批判を加えられ、さらには無頼派もまた既成の私小説とは違う方向を目指していったが、それでも旧来の私小説は完全に滅びなかった。

新しい文学思潮から逃げるように、私小説は復活の兆しを見せるのである。いかに人間の理性を使い、海外の思潮を取り入れようと、日本では必ずまた身辺を題材にする作品が現れるようになる。安岡章太郎や吉行淳之介などのいわゆる第三の新人が現れて以降は、身辺を題材にし、狭い世界を書いた作品が幅を利かせるようになった。後に柄谷行人が、文学は終わったと書くが、この主張は西洋語の literature を基準にして文学概念を語る場合、実に的を射たことだった。確かに社会を変革する力を有する作品が少なくなった。自らを徹底的に晒け出す私小説でもなく、自らの身辺の些細な出来事に、主人公が心情を吐露する作品が増えたのは紛れもない事実だった。私はこのような作品が自然主義から生まれた私小説とは考えないが、その行く末であることは疑い得ない。西洋から移入された、literature の訳語としての文学が滅びつつあるのは事実である。しかし、ここで問題になるのは、日本では身辺に取材した、思想や社会批評のない作品もまた文学とされてしまった点であった。

この問題を柄谷氏は、文学史の観点から具体的には語らなかった。よって、「文学は終わった」という語がひとり歩きした。そこに大きな混乱が生じたのである。つまり、概念がそもそもズレているから、いくら議論したところで解決策が導き出されないのは当然なのだ。現在、文学が終わったのか、と特集を組み、終わっていないと主張するのは、基本的には私小説の流れから生まれたその残党である。彼らは私小説を文学の王道と見做すから、その主張は必然だが、文学が終わったと考える者は、そもそも念頭に身辺雑記を入れていないから、いくらその意見に抵抗しようとも、議論は全くもって不毛なのだった。共通した概念を持ち合わせなければ、議論は成立しない。

新たに作られた、あるいは持ち込まれた言葉は、その土地に根付くことで、そこに含まれる概念は膨れ上がる。いわば意味が増え、多義的になる。西洋の文学は抽象的思想を内に含むものであったが、日本語に翻訳されると思想性に乏しい日本的な自然主義の作品や私小説までも、文学と見做されることになる。一単語に複数の概念が生まれれば、それを整理して、場合によっては新たな単語を創造する必要に迫られる。日本では、例えば政治の世界では九世紀に、勅書に記された「阿衡」の語義をめぐって争われた阿衡の紛議などがあったが、少なくとも文学において、このようなプロセスが今まであまりなされてこなかった。そして、大きな混乱を招いて、議論ができなくなっている。というよりも、そのような、ある概念に対する議論をするなどということは、今の今までほとんどこの島国では行われて来なかった。それは日本語の文法を見ても、その特徴があるように思われる。インド・ヨーロッパ語のように主語–動詞という作りでもなければ、ヘブライ語やアラビア語のように動詞が最初に来るわけでもない。主語がないこともままあれば、動詞は修飾語の後に位置するという具合である。われわれ日本人は様々な異民族に対し、イデオローグを作り上げて積極的に概念を伝える機会も極めて少なかった。概念を確実に定める必要を持たなかったのである。日本語には必ずあわいがあった。だから積極的に何かを伝える明晰性が、日本語では大きな問題になる。これはそれ自体が決して悪いのではなく、曖昧にしておくことには大変に良い面と悪い面があるのだ。

さらに言えば、日本の文芸は、ポリスの中で養われた漢文ではなく、オイコスで育まれた、かな̀がその根底にある。はなから、政治や社会でなく、自分の身辺を書くことが文学では多い。明治以前の日本において文芸、特に小説においては、積極的な政治や社会の批評はあまりなかった。パロディーがあったとしても、それで世の中を変えようとするのではなく、それはあくまで娯楽に過ぎなかった。日本語は、人に寄り添ったり、自然を愛でたり、人を笑わせたりするのに、どちらかと言えば、分があるように私には思われる。だから、いくら literature としての文学の概念を移入しようとしても、それらは日本の土壌にはなかなか合わなかった。フランスでは文学は主知主義的な傾向に流れ、ロシアではドストエフスキーの時代に、西欧との対比からロシアの土壌について語られた。またアメリカには、アメリカン・リアリズムがある。抽象的思想や社会批評が比較的根付きにくいのが、日本の土壌なのである。

私達はそれらを念頭において、日本の文芸を考える必要があるだろう。これから議論をするにせよ、まずその共通の概念を規定し、整理しないことには、日本がこれまで育んできたものは、尻すぼみになって、不毛な議論に終わってしまう。今こそ概念のひとり歩きを阻止し、西洋語の呪縛から自らを解き放ち、それをうまく使いこなす必要があるのかもしれない。

オイコス的芸術観――日本の芸術にみられる一傾向

私は前項で、「日本の文芸は、ポリスの中で養われてきた漢文ではなく、オイコスで育まれた、かながその根底にある」ことを端的に述べた。つまり、日本の文芸における言語活動をみた時に、漢字で書かれた公の文書よりも、万葉がなで書かれた万葉集はじめ、源氏物語のような物語、さらに『土佐日記』や『蜻蛉日記』に連なるいわゆる日記文学の方が、圧倒的に大きな影響を及ぼしている点を述べたわけであった。

ここで語っているポリスやオイコスなる概念は、ギリシャの思想から借用しているわけだが、これらの概念はマックス・ウェーバーやハンナ・アーレントが詳細に分析していることがつとに知られている。しかし、ここで述べたいことは、後世の議論を抜きにして、社会生活を送る上での最小単位と考えられる「家」としてのオイコスと、都市的な共同体、及び市民集団としてのポリスの違いにしか過ぎない。前者は私的かつ女性的であると考えられ、後者は公的かつ男性的と古代から考えられてきた。これを文芸に転ずる時、前者は身辺を中心に書いたもので、後者はいわゆる思想や社会思想、さらに現代への問題意識を内に含んだものを言っている。さらにこのポリスに対するオイコスとしての「家」は、身辺に関わる事柄を象徴した概念であって、決して具体的な家族や親族を指しているわけではない点を、予め断っておく。

西洋の場合、言語活動の多くはポリス中心に行われてきた。それはキリスト教中世になってもそう変わりはない。女性が物語などを書かなかった点も大きく関わるだろう。むしろ、女性が文芸活動の中心にいた地域など、日本以外にはほとんど存在してないのではないか。そのように考えれば、言語の問題と文芸に見られる傾向は、完璧に符合している。

私はこれらを念頭に置いて小論を書いた後、私の意見とかなり似通った評論に偶然出くわした。アプローチの方法は全く異なっており、先の小論と違って、言語からのアプローチはなされていないが、提出された結論がほとんど同じなのに驚いた。古今、人間の分析など、そうは変わらないようである。おそらく私小説への関心が同様だから、似たような分析をしたのだろう。

その評論とは、私小説について多く論じていた平野謙の、『女房的文学論』という作品である。少し長くなるが、大変重要な指摘なので一部を抜き出してみたい。

自然主義から私小説への展開、そこに現代日本文学のジェネラル・ラインがすえられてあること、そのぬきがたい文学伝統は藤村の『破戒』と花袋の『蒲団』とによって開幕されていること、本来このふたつの作品があわさって自然主義発展の礎石をなすべきだったたにもかかわらず、その文学志向は「中年の恋」というような方向にのみ亜流化したこと、かくて告白万能、描写万能の全体的偏向はついに大正末期には耽美派も理想派も理知派もひっくるめて、私小説・心境小説というゆるがぬ文学伝統を形成してしまったこと―それらはすでに一個の文学史的常識にすぎまい。だが、その独特なリアリズム文学を貫徹するものがほかならぬ女房的視点だった事実はまだ何人も指摘していないようだ。激動する社会から隔絶され、上下の関係だけで全く横の関係を捨象された封建的な家族制度の枠内で、ひたすら日常性に偏執した自然主義・私小説の作家的眼光が実は「後ろから見た」女房のまなざしとシニノムだった事実こそ、見落とされたその性格規定の急所ではあるまいか。

平野の分析は、ひたすら日本的自然主義文学及び自然主義的私小説のテキスト分析から主張が展開されている。平野の念頭に、その傾向が歴史的必然性を持ったものであり、それが西洋との対比で行われているという考えはない。しかし、そのテキスト分析においても、日本の文学が女性的である点は、無論、かながその根底にあって、古代から「家」の周辺での文芸が盛んであることと密接に関わっている。さらに平野は、私と同様、鷗外や漱石をいわば男性的視野をもったと認識している点も、意見を全く同じくしている。両巨頭は、日本の文学に思想や社会批評を根付かせようとしたことは、前の小論で述べた通りである。私は、平野のこの評論は未読であったから、アプローチは違うのに同じような結論に至った事実に、自らの主張にさらなる確信を持つに至った。

　これらの主張は文芸以外の分野でも、多くの文献から共通点を確認できる。例えば、鈴木大拙は「東洋人は内向的で、西洋人は外向的」だと言って憚らなかったし、美術評論家でしばしば文芸についても語った高階秀爾が、ギリシャの彫刻家たちは、一時的な情念の動きよりも、永遠の造形に心を奪われていたと語るように、日常的な心情の行方について、ギリシャ人は大きな関心を示さない。

　哲学や神学では自明とされているが、ギリシャ人をはじめとする西欧世界は、儚いものよりも永遠のものを求める傾向にあった。ギリシャ哲学の用語で言えば、生成よりも存在が良い。今でこそ、その概念は見直されつつあるものの、永遠の静的な存在を求める傾向は長く続いていて、それは東方キリスト教世界やユダヤ思想に比べても、根強い傾向として現れている。同じ一神教文化圏であっても、後者の方が、より神観やものの見方においてダイナミックである。それが日本の場合だと、儚いものが美しいとされるから、両者の違いは明白だ。

　ギリシャ建築や、ヨーロッパの建築は、壮大であればあるほど、そして均整がとれていればいるほど、美しい。これが西洋の美観である。アリストテレスも『詩学』ではっきりとそれを主張している。日本とはあまりのスケールの違いに、私もベルサイユ宮殿を訪れた時は、その壮大さにしばしの間見入ってしまった覚えがある。

　このような美観はその他の事柄にも多く反映されている。それを痛切に感じたのは、ボディービルダーとの会話でのことであった。ボディービルは最もギリシャ風の競技だといっても過言ではない。筋肉の大きさと、いかに均整がとれているかを競う競技である。ボディービルの面白さをある人に尋ねた際、私は目が開かれたような気がした。

彼が言うには、ボディービルの美は他のスポーツに比べても、人間特有のものであって、そこが他の競技よりも魅力を感じるらしい。力比べなら動物とやれば人間は勝てるわけがない。無論、懸命に運動をする姿も美しいが、それは動物に適用してもまた同様である。だから人工的にしか作れず、人間にしかわからない至上の美に惹かれているというのだ。

確かに言われてみれば、猿が美を追求するはずはないし、人間以外のものがおめかしするわけでもない。ボディービルの求める美は、人間しか持っていない。また同時に他者との直接的交渉無くして、自分の理性だけで肉体を作り上げるため、競技中、直接的に感情や情慾のようなものも入り込む余地はない。彼らは理性でもって自らの身体を、いわば創造する。大きさと均整によって、普遍的美を追求するという考えは、極東に住む民族にはおよそ考えもつかぬ要素だろう。

その点、日本の美観は永遠の理想を求めるよりも、より身近で、また現実的である。枯山水の庭園はベルサイユの庭園などと違って、一般の住居に合わせて作られ、日頃から鑑賞できるようになっている。庭は理想でなく、人間が落ち着くところの、自然の一部と考えられる。日本の芸術作品が、実用と密接に関わっている点はよく言われるが、庭においても同様で、そこには永遠の美でなく、人間の心情と密接に寄り添った、落ち着く空間を作り出そうと試みる。日本の美は、常に人間の心情と深いつながりを見せている。

このような分析に対する根拠は、中国文学者である吉川幸次郎の評論に的確に示された。吉川は、西洋と中国の詩の発生を分析した、トレヴェリアンという英国人の説を紹介する。彼の述べる、古代ギリシャに連なる西洋の詩の発生が叙事詩だったのに対し、中国では抒情詩がその端緒であったとの主張を参照し、吉川は、この見解は中国のみならず日本にも適用されると指摘した。さらに中国も比較的に身辺のことを書き記すことが多いが、特に日本の場合は恋の歌が多く、また同時に好色な傾向を持っている場合が多いという。

その原因の一つに吉川は、契沖が『万葉代匠記』で大伴家持の歌について指摘したように、七世紀の中国の短編エロ小説『遊仙窟』の影響が大きく作用しているとみる。確かに良く考えてみれば、日本の文芸において恋が出てくる場面は非常に多く、散文形式でも、恋が出てこない方が少ない。また吉川は、思う人を夢に見る優れた作品が日本には多数あり、そこには特別な感傷性と情感が漂っている点を垣間見た。まさか『遊仙窟』だけが読まれたわけでもあるまいから、おそらく移入される段階で数多ある散文作品を日本人が取捨選択して、その中でこの小説を受け入れて積極的に読んだのであろう。人が何かを自らの懐に入れる時は、必ず取捨選択が行われ、自分に合うものを身につけようとするのが常である。人間それぞれが個性を有する以上、自らの肌に合わぬものは選ばない。それは国家規模の共同体に転用しても状況は変わらない。この指摘からもわかるように、少なからず日本人の感傷性や情感が古代の昔から、当地に根付いていた点は疑いのない事実のようである。

実はこの指摘は大変重要で、近代の文芸においてもぴったりと当てはまる。先程、平野謙が言ったように、日本的自然主義文学と自然主義的私小説に現れるのは、妙に感傷的な中年のエロおやじの小説であって、それがいわば日本の文学の中心を流れている。大学時代に岩野泡鳴を研究し、日本文学の伝統としての「好色論」を記した舟橋聖一の目は、大変に優れたものであったと言わなくてはならない。私もまた、田山花袋や岩野泡鳴、また近松秋江や徳田秋声などの作家を、最も日本的な作家であると勝手に思い込んでいるが、今までの話の流れから考えれば、人が顔を顰めたくなるような私の考えも、強ち的外れだとも言い切れないだろう。

川端康成が「日本の小説は西鶴から鷗外、漱石に飛んだとするよりも、西鶴から秋声に飛んだとする方が、私にはいいやうに思ふ見方である。鷗外、漱石などは未熟の時代の未発達の作家ではなかつたか」と言ったり、秋声の長男である徳田一穂に「秋声に女を書かせれば世界一だ」と語ったりした点も、今までの話に無関係ではない。もちろん近代以降の文学が日本の伝統から逸脱しているから悪いとか、あるいはそれ以外の傾向をもった小説が良くないなどということはない。ただ、日本の文芸の伝統から鑑みれば、舟橋聖一や川端康成の目は限りなく核心に近づいている。

このような一つの傾向、つまり日本の芸術が身近なことを題材にし、恋や好色を多く書く点は、文芸だけでなく、美術作品にも見ることができる。『源氏物語絵巻』は文芸作品と対応関係になっているからその通りであるが、平安期や鎌倉期などのその他絵巻物や草紙の類も、身辺を題材にとったものが比較的多い。また、男女関係ではなく、人間の日常生活や悲惨な状況に主題を置く作品も多く、『鳥獣戯画』では人間の生活や遊び、そして世相を動物に置き換えて描き、見れば当時の世相や雰囲気などが、手にとるようにわかる。絵巻に登場するのは、カエルやウサギなどであるが、実際の遊びは写実的に描かれていて、現代の私たちとあまり変わりのない遊びをしていることが確認できる。

『病草紙』や『餓鬼草紙』に関していえば、これはもうそっくりそのまま私小説的な主題である。何故、わざわざ病や貧乏などを取り上げた草紙を作成させたかは様々な説があるが、日本人の趣向が関係しているとあれば、好笑的な目的で描かれたとする説も決して当たってないとは言えない。実際、よく眺めてみれば、笑ってしまうような情景が細かく描かれているし、私などにも心当たりのある場面もなくはない。江戸時代の人々が春画を笑絵と云って、大事に保管していた感覚と照らし合わせれば、納得のいくものではなかろうか。

この列島が育んできた、身辺を題材にし、その中でも好色的で好笑的なものを含む文化の傾向は、西洋の歴史では下品だと言われて、絶対に一蹴されてしまうに違いない。非常に寛容な精神をもった日本の芸術は、多くの人が顔を顰める事柄であろう。

両者の文化の違いは、西欧が日本の美術と本格的に出会う一八六〇年代、またそれは同時に印象派が活躍する時期のことであるから、それ以前の西欧で語られていた美術観を参照すれば最もわかりやすい。パリで日本の美術が持て囃されたことと、印象派がいわば下品だという理由で中央のアカデミーから除けものにされていた事実は、全く無関係ではない。

というのも、当時のフランスのアカデミーには、絵画の主題に対する序列があった。フランス・アカデミーの基本理念となっていた概念を提唱した、十七世紀の美術史家、アンドレ・フェリビアンは、キャンバスに描かれる主題に優劣をつけて、そこにヒエラルキーを作り上げた。ヒエラルキーはヨーロッパの伝統に則っていて、画家の技術もさることながら、主題までも後のアカデミーの評価基準として少なからず採用された。左に示すのは、右から順に、劣等なものから優等な主題へと至る上昇的な序列を表している。

・静物画
・風景画、動物画
・人物画
一、庶民の暮らしや日常の情景
二、肖像画や歴史を取扱った作品
・ローマ・カトリック教会の神秘やサクラメントを扱った作品

ここに示されるヒエラルキーは、基本的にネオ・プラトニズムの解釈に従っていると考えてよい。この概念が提出されたのは、ルネ・デカルトの死後であるが、当時においても、まだ古代の概念をそのまま援用しているわけである。従って、根拠となる意味内容は古代ギリシャの考え方の延長となっている。

静物画が最下位に置かれるのは、完全にそれが自然そのものであるからに過ぎない。古代ギリシャの思想では、美の観念は必ず自然から抜け出て、人の手が加えられる必要があるため、芸術作品もまた人の手が加えられないといけない。芸術作品と自然は元々、類比関係にあり、自然は模倣の対象になりながらも、テクネーは同時にそこから抜け出る手段になる。それがラテン語のアルスになり、また現代語のアートに変容する。その中でも静物画は死んだ自然（natures mortes）と言われ蔑まれていた。

次に位置づけられた風景画と動物画もわかりやすい。風景は人間が手を加えたものもあるが、人間は映らず、また動物は静物画とは違い生命のあるものでも、人間ではないからここに位置づけられる。つまりこの段階は、人間以外という理由によって定められている。

次の人物画は人間を表しているが、その中でも歴史上の偉人や同時代の実力者の肖像画は、やはり、日常の風景よりは上位に据えられている。これもまた西欧世界に特徴的な傾向である。特に、ルネサンス期のアルベルティの理論の中で強く主張されたもので、「イストリア」と呼ばれる、教訓的な物語を持った歴史画が、最も優れたものと見做された。その理論がフランス・アカデミーにまで影響を及ぼし、十八世紀以降になるとさらに、物語性に重点が置かれ、肖像画以下、風景画、静物画は、一段と低いものと考えたのだった。

そして最後に来るのはカトリック教会の秘跡に関わることである。以上の序列が、ネオ・プラトニズムの流出説から影響を受けている点が、はっきりと理解されるだろう。

このヒエラルキーによって、印象派の画家たちは下品だとか、上等ではないとみなされアカデミーから拒絶を受けた。確かに印象派の画家達には風景画や日常の情景が多く、さらには技術的にもタッチが荒々しいとか、背景が明るいゆえに軽いなどといわれ、取り合ってもらえなかった。しかしながら、彼らが自由で、また固定観念に縛られなかったという点だけでも、優れた芸術家であったことは揺るぎない。印象派の多くが極東の美術に関心を持っていたのも、彼らの技術や主題に多大なる影響を与えたのである。

極東の、特に日本の美術といえば、古くは曼荼羅なども多く描かれ、継続的に仏画も描かれるが、江戸期の浮世絵などを見ても、時代の流れが先に表した「風景画、動物画」と、人物画の中でも「庶民の暮らしや日常の情景」にあったのは紛れもない。江戸期はその傾向が如実といってよく、今まで養われてきたいわゆる身辺描写が、その王座に座ったのである。日本においては、西欧とは反対に、むしろ庶民文化や身近な自然を描いた作品が最も親しまれてきた。その東西のギャップに印象派の画家達が目を奪われ、西欧の美術を新たなる次元へ押し上げたのだ。

以前からフランドルには庶民を描く絵があったが、西欧美術における中央画壇（アカデミー）での庶民及び下層民の発見は、印象派によって本格的に始まり、文芸の世界では、実験以外の深い思想を持たせなかった点では、彼らの同伴者として印象派を擁護した、エミール・ゾラによって決定づけられた。遡ってもせいぜいゴングール兄弟、フローベール、バルザック、スタンダール辺りまでである。日本の近代文学の一部とアメリカ文学は共に、エミール・ゾラの子供といっても過言ではないと思うが、日本の文芸は庶民や下層民を描くという次元においては、ゾラ以上にゾラなのだ。別にゾラが小杉天外や永井荷風、その他の文学者に紹介されなくとも、日本の傾向はさして変わらなかったであろう。要するに明治中期以降の西洋文化の移入などというのは、より広い視野でみれば、全てが西洋から日本へという一方通行ではなくて、西洋と日本の相互の交流が、その成果の一部となって現れたのだった。

だから明治期の作家であっても、樋口一葉や広津柳浪はじめ、特に海外の影響を受けなくとも、はなから庶民や下層民を描いている。それは他国のブルジョワ的文学とは、全く様相が異なる。一九二〇年代、多くのプリレタリア陣営が、プロレタリアートのための文学を書くといったが、日本では芸術を政治の道具にするという発想が希薄だっただけで、はなからプリレタリア文学のような作品が書かれていたのである。作品だけに注目すれば、例えば佐多稲子の書いた小説が、明治期の作家と比較して、よりプロレタリア文学的だと云えるだろうか。彼女は生涯に亘り、自然に庶民や自分の周りを題材にしたに過ぎない。

日本の芸術はずっと昔から、より狭い意味でのオイコス的な世界をその芸術の根幹に据えてきた。それは以前論じたように、言語的にもはっきりと示される。平野謙の見方も、明治以降の文学だけを主眼にしながらも、見事にその性質を見通している。しかし平野は、日本の近代文学だけを念頭に置いて「女房的文学論」を記したから、最後に一つの期待を持たせ、以下のような興味深い見解を述べている。

もはや細言する紙幅の余裕を失ったが、坂口安吾のしきりに説くデカダンスとか堕落とかいう主張は実はデカダンスでも堕落でもありはしない。まっとうな一文学者の至極尋常な心構えにすぎまい。そして、現在私の坂口安吾に関心するところは、かかってその「家庭嫌悪症」にある。あるいは日本自然主義の根ぶかい女房的限界なぞ、案外坂口安吾の「家庭嫌悪症」によって突きくずされるかもしれぬ。

この評論が書かれたのは、一九四七年四月のことである。坂口安吾は前年に「堕落論」などの作品によって、時代の寵児になっていた矢先で、端々に家族嫌悪の念を書いていた頃でもあった。ところが平野の予測がすっかり裏切られてしまったことは、もはや私たちには周知の事実となっている。実際、平野がこの評論を書いていたであろう、一九四七年の三月に、安吾は後に夫人となる三千代と出会っている。そしてあれだけ家族を嫌悪していた安吾は、後に結婚し、桐生に移住して子供が生まれてからは、嘘のように子煩悩で家族思いの男に変化した。私も以前、桐生に赴いて、安吾が亡くなった家やよく通っていた喫茶店に行ったりしたが、当地で安吾は子供のお守などもよくやっていたようであった。

明治以後の文芸をみて、平野は優れた言明をし、一つの確信に近づいたのではあるが、彼のいう「女房的」というのは、古代の昔からずっと続いているのではないか。いわば日本の芸術は、どちらかといえばポリス的ではなく、オイコス的なのである。だから小説は大説ではない。平野の主張する家族の共同体が、今後どのように変化するかわからない。が、日本語で著述を行う限り、おそらく身辺を書く傾向は続くのではないか、というのが私の見解である。その意味では、各言語で各国民が著述を行っている以上、世界文学を目指すというのは幻想だろう。果たして世界文学とは何だろうか。それぞれの言語には特質があるから、真に芸術が世界的になるのは、その書かれた言語の特徴が遺憾なく発揮された時ではないか。英語に表れる傾向とその基準に従って作品を作り、それを読めなど、そんな馬鹿げた話はない。

日本の美術が印象派に取り入れられ、そこからポスト印象派のゴッホが生まれ、さらに「日本かぶれ」と言われたピエール・ボナールやヴュイヤールら、カトリックの神秘を描いたナビ派にも多大な影響を与えて、彼らがフォーヴィスムやモダンアートの橋渡しをした点を考えれば、簡単に世界的芸術だの世界文学を作るだのいう言明が、いかに愚かだとわかるのではないか。各々の特徴を最大限に発揮することが、世界への貢献にもなる。もちろん芸術は個々人の個性で行われる活動だから、何を表現しても構わないし、そのような傾向に縛られる必要は全くない。しかしながら、日本語で思考し、また著述している以上、言語的傾向と背後にある文化的特色を知っていても、そう悪くないのではなかろうか。その傾向を打破するにせよ、生かすにせよ、まずは伝統を知らなければならないだろう。

日本近代文学の土壌に流れる二つの水脈

一

一般に言われる通り、日本近代文学が拓かれたのは明治の中ごろ、一八八五年に書かれた坪内逍遥の『小説神髄』よってである。明治時代が始まり、すでに二十年近くの時が経とうとしていた当時、和魂洋才の開化政策の一端として行われた実業思想に遅れること数年の間に、ついに文化面における開化が行われ、これまで早急に訳された政治思想や経済思想、つまりルソーやスマイルズ、そしてJ・S・ミルの考えに次いで、美術（特に美学）や文学などが、学制の整えられる時期に前後して伝えられた。そこで初めて新たな人文学と芸術が創造されていった。明治の半ばになるまで、芸術としての文学は確立されておらず、明治初期は江戸時代の系譜に連なる、仮名垣魯文などの戯作や自由民権運動や国権論の宣伝として用いられた政治小説が広く読まれているに過ぎなかった。この傾向に対して異を称えたのが、シェイクスピアの紹介者として活躍し、早稲田大学の前身である東京専門学校の教壇に立っていた坪内逍遥である。

逍遥は『小説神髄』の中で、江戸時代の戯作から連なる勧善懲悪的文学観や政治至上主義的な小説の見方を排し、心理的写実主義を唱えて芸術としての文学の独立をはじめて説いた。西洋の文学観を取り入れ、江戸時代の古い文化を刷新した、と今でも認知されているだろう。しかしながら、西洋化とは言いながらも、もちろん言語も文化も異なる島国に移入したものを、文字通り西洋化と見做すことは早急である。あらゆる事柄に関して、日本は西洋のものを取り入れる際、自らの形に当てはめて、より自分たちに向いたものを作り出す。従ってあらゆる事柄は移入された段階で、大きな差異が生まれているのである。日本の近代という枠組みで物事を考えるとき、西洋との差を確認することが最も効果的な方法であろう。『小説神髄』に使われている一語一語もまた良く考察してみれば、一筋縄にはいかない。

小説の主脳は人情なり、世態風俗これに次ぐ。人情とはいかなるものをいうや。曰く、人情とは人間の情慾にて、いわゆる百八煩悩にこれなり。それ人間は情慾の動物なれば、いかなる賢人、善者なりとて、いまだ情慾を有ぬは稀なり。

これは『小説神髄』の冒頭を抜き出したものだが、実はこれを見ただけでもはっきりと伝統的な西洋の考え方との違いを見出すことができる。まず逍遥は第一に「人情」であると説く。

人情とは何であるか。この言葉を西洋語で訳そうとしても、実はその訳語がなかなか見つからない。すでに差が生まれている。日本は義理と人情を大事にする国というが、これを他の国の人間に説明するのは実に困難なことなのだ。そこで逍遥は続けて「人情」はつまり「情慾」であると言うのである。このように単語が変わると、いよいよ外国語にも訳せるようになる。おそらく、逍遥は広い意味で、感情の問題に帰したかったのだろう（従って、明治半ばに流行した家庭小説や現代の時代小説における人情とは、根本的に概念が異なっている）。

今日、「情慾」というと、いかにも性的な言葉のように聞こえるが、本文に照らしてみると広く感覚ないしは感情の意味だから、これは「情念」と解しても差し支えないと思われる。仮に英語で訳せば、passion あるいは emotion(s) という訳語が導き出されるか（おそらくこの二つの言葉にも違いがあるだろう）。そして今度はその概念に目を移す必要がある。訳語が見つかったとしても、実はその言葉の持つ意味は、それぞれの文化圏によって微妙な差異が見受けられるからである。上記の「情慾」という訳語も日本のもつ概念とは微妙に異なり、実は西洋世界においては長らく悪徳なる概念と考えられてきたのだ。

古典ギリシャ語では pathos と呼ばれる「情慾」は、紀元前の古代ギリシャの賢人プラトンにおいてすでに、理性の対極にあるものと捉えられていた。アリストテレスもそれを踏襲し、苦痛や快感に至るまでのあらゆる心情、あるいは感情を指し示すとした。そして紀元前後のストア派は「情念」を理性に従わない、魂の病と見做したのである。時代が下ってキリスト教が西欧に入ってくると、キリスト教の教義を整えた教父たちによって「情念」は罪に結びついた概念となり、キリスト教の修徳行においては、これを排除することが目的とされた。ラテン語の passio は、キリストの受難も表しているが、この受動的概念がそのまま取り入れられストア派の思想と相俟って、アウグスティヌスは理性に反する心の動揺と考えた。

感情に振り回されるのは人間として低い段階にある、その上位にある理性あるいは精神的なものを追い求め、なるべく神に似た存在となることが目的とされたのである。この無感動状態は apatheia（日本語ではしばしば不受動心と訳される。apatheia という言葉自体はストア派が生み出した語）と呼ばれ、原語としての意味は、a は古典ギリシャ語では否定を意味する接頭辞であるから、アパテイアは「パトスの否定」という意味になる。この考えは特にギリシャ教父に大きな影響を与えたが、今の修道院生活にも実践されていることで、二十一世紀の現代においても西洋の伝統の一つの側面と見ることができる。

中世は聖職者が学者を兼ねることも多かったため、学問の世界でも近代に至るまで感情の問題は比較的良くないイメージで捉えられ、表舞台に出てくることは少なかった。が、無論そこにも例外があって、中世の一部の神学者、特にアッシジの聖フランシスコの思想を受け継ぐ者たちが、受難の神秘思想で passio を称賛し、フランシスコ会のボナヴェントゥラなどは情意を優位に考え、最高の段階の知恵は情意のうちで完成するとまで云った経緯が確かにあり、十三世紀辺りから徐々に感情の問題が提出され、十五世紀のジャン・ジェルソンらもそれを取り上げた。さらにルネサンス期の芸術論に感覚の問題が現れるものの、「情念」や「情慾」を含めた広義の感情の概念が、改めて本格的に議論の主題として考え直されるのは、近代哲学の祖といわれる十六世紀のルネ・デカルトまで時代を下らねばならない。彼が最晩年に記した『情念論』は、近代感情論のはじめを成した書として認知されており、ここから、現代に至るまでの感情論の基礎が成立する。

デカルトによれば、人間の「情念」というものは、古代や中世スコラ学の伝統が悪徳と決めつけたのとは違い、必ずしも悪いものではない。「情念」に動かされる人間が、悪徳を身につけたものであるという考え方を完全に否定している。むしろ「情慾」及び「情念」を多く持つ者は、最も多くの喜びを得る。が、この喜びを得るには一つの条件がある。それは知性による善悪の判断によって情念を巧みに操縦し、その主人として知性を君臨させねばならないのだ。理性が無く、動物のように欲に浸る人間は、やはり悪として考えられねばならない。人に危害を加える恐れもあるし、自分自身を破滅させるに至るのである。この考えは、後の西欧思想の根幹を為すに至った。そこから「情念」が急速に人間にとって重要な要素として考えられるようになる。その傾向は次第に高まり、十八世紀後半以降になると、知性あるいは理性よりも情緒や想像力に重きを置くロマン主義の一群も現れる。だが「情念」の地位が第一に据えられるという考え方は、それまでの西欧の伝統には受け入れ難いものであって、その他の考えを持つ人々により常に批判の的にされた。

このような一連の流れを頭に入れた上で、そこでまた逍遥に翻ると、彼は第一に「人情」を、つまり「情慾」を定めている。理性や意志ではなく、「情慾」を筆頭に考えたのである。この考えは西洋の伝統から見れば、すんなり受け入れるには考察が必要だろう。主情主義などというものは一部の芸術家により熱狂的に支持されたに過ぎなかったが、日本ではこれが中心的な考え方とされ、その他の日本近代文学草創期の文学者を刺激して、以後の文学的状況をある意味で規定したのであった。

後に逍遥の考えは、部分的に二葉亭四迷に受け継がれ、『小説神髄』から六年後の一八九一年に逍遥が自ら興した『早稲田文学』ではそれに連続して、近代における最も重要な概念である写実主義は発展し、出来るだけ現実に即した客観描写で小説を書く作家が次々に現れた。この一派は江戸時代の影響が抜けきれない硯友社より、描写に重きを置き、後に自然主義派と呼ばれることになる。そしてこの日本の自然主義なる概念も、知られる通り、西欧の自然主義とは大きく事情が異なっている。

エミール・ゾラに代表される西欧の自然主義は、実証主義的、自然科学的方法を用いて現実を解明しようと試みた、一種の実験的なものであった。当時西欧世界ではダーウィンの『種の起源』が一八五九年に発表され、今までの西洋思想の根幹にあった創世記の創造神話のリアリティーが否定される事態に陥っていた。人間はそもそも環境に応じて進化したに過ぎない。西洋思想は創造神話の上に築かれているから、思想や芸術も一新される必要があった。そこでフランスのエミール・ゾラは新たなる文学論を打ち出し、クロード・ベルナールの『実験医学序説』を基に『実験小説論』を発表したのである。ゾラは遺伝や環境によって、作中の人物の人格を見ようと考えた。彼は自らの文学論を基に、ナナという少女を育てた父母と、その家庭環境を克明に記した『居酒屋』を書いた。さらにそれに続くものとして、女優となったナナが官能的な肉体を武器にして、次々に男たちを破滅させる小説『ナナ』を完成させたのである。

だが、日本ではその実験的要素と社会の暴露が忘れ去られ、見たままのもの、つまり現実をありのままに書いたものが自然主義と解釈されていった。そしてそこに、西欧ではロマン主義的なものと見做される「情慾」つまり逍遥の述べるところの「人情」が入って社会の問題から個人の問題に移り変わってくるのだ。日夏耿之介が云うように、日本の作家はリアリストにして、ロマンティックスピリットを持っており、私はこの国において、リアリズムとロマンティシズムの区別はそう簡単ではないと考えている。

人間を直接書かず、科学と社会の観察から人間を見ようとするゾラ流の自然主義とは異なって、それはまるで科学的でもなく、知的でもない。日本の自然主義は、フランス文学史の流れから見れば、ゾラの自然主義以降に出てきて、感性を大事にした「ナチュリスト」の系譜に連なると考えた方が良い。よって全く両者の状況は異なるが、広い意味での自然主義派として、様々に西欧と日本の違いを混同されながら、後に反対者から痛烈な批判を浴びることになった。

そしてこの広義の自然主義派の偏重に意を唱えたのが、反自然主義と目される夏目漱石や森鷗外などである。二者に共通する点は、共に西洋に渡りそこで実際にその土地の空気に触れ、ヨーロッパの思想を吸収してきたことであった。

二

漱石は一九〇〇年から〇二年の二年間イギリスに渡り、神経衰弱に陥りながらも、文学及び哲学を学んだ後帰国し、日本の文学を理論化しようと試みた。彼によれば、文学には理想が存在する。その理想とは、第一に感覚物そのものに対する情緒、要するに〈美〉であり、第二は感覚物を通じて我(魂)に働く三作用〈知〉〈情〉〈意〉ということになる。この〈知〉〈情〉〈意〉は、プラトンの中期対話篇『国家』や『パイドロス』に説かれている、魂の三分説から借用されたものである。〈知〉は理性(ロゴス)、〈情〉は欲望(エピテュメーテース)、〈意〉は気概(テュモス)にあたり、理性が最上位とされ、次に気概が続き、最も低いとされるものが欲望であった。プラトンによれば、理性を最上位にして三つの属性のバランスがとれている時が、最も望ましい状態とされ、正義が実現される。この説は、西洋において後の時代まで底流となったのである。

文学はこれら四つの理想が複雑に絡みあっている、と漱石は考えた。だから、どれかが極端に排除された文芸は、優れたものとは考えられない。そしてさらには、この四つの文芸の理想を、漱石は一般の人間における理想にまで高めようとした。いわば優れた文芸も、優れた人間も、四つの理想がバランス良く保たれている必要があった。

文芸に四種の理想があるのは毎度繰返した通りでありまして、その四種がまた色々に分化して行く事も前に述べたごとくであります。この四種の理想は文芸家の理想ではあるが、ある意味からいうと一般人間の理想でありますからして、この四面に渉ってもっとも高き理想を有している文芸家は同時に人間としてもっとも広くかつ高き理想を有した人で始めて他を感化する事ができるのでありますから、文芸は単なる技術ではありません。人格のない作家の作物は、卑近なる思想、もしくは理想なき内容を与うるのみだからして、感化力を及ぼす力も極めて脆弱であります。

（『文芸の哲学的基礎』）

このような考えを有する漱石であるから、人間を善なる方に導かないと彼が思う小説は、みな攻撃対象になる。情痴的な事柄や醜悪的なことを語る小説は、漱石には理想がないと見做され、下品なものとして片づけられる。これは漱石の弟子で、初めて漱石の伝記を書いた赤木桁平が、後に情痴的な作品を書く長田幹彦や近松秋江らを「遊蕩文学撲滅論」で攻撃したのと同様である。実際、漱石はそのような作品を書かなかった。西欧で自然主義派とされるゾラやモーパッサンの作品もまた、下品であるなどと一蹴されてしまうのだった。

日本では、作家それぞれに目を向けると、自然主義とされる作家でさえ、漱石は時に高い評価を与える。島崎藤村の『破戒』には格別の賛辞を送っているし、朝日新聞社に所属していた時分には、後に自然主義文学の老大家となった徳田秋声の『黴』の連載依頼をしている。しかし、基本的には自然主義派には否定的と言えるであろう。『黴』の四年後に讀賣新聞に連載した秋声の『あらくれ』においては、書かれている内容は真実であり、読み終えた後で「ごもっともです」と同意する言葉は出るものの、「おかげさまでありがとうございました」とか「おかげさまでためになりました」などの感謝の意は出てこないと批判をするのである。つまり「おかげさまです」という言葉が出ないのは、感慨を受けたり、高尚な向上への道が開かれないからであり、読んでただそれだけになってしまう、と漱石は指摘した。

それは先に引用したように、四つの理想が揃っていないことにその感化力の低さがあると漱石が考えたからである。よって、ここでも「フィロソフィーがない」ことが大きな問題になっている。

つまり、徳田氏の作物は現実そのままを書いているが、その裏にフィロソフィーがない。もっとも、現実そのものがフィロソフィーならそれまでであるが、目の前にある材料を圧搾するときは、こういうフィロソフィーになるという点は認めることができぬ。フィロソフィーがあるとしても、これは極めて散漫である。しかしわたくしは、フィロソフィーがなければ小説ではないというのではない。また徳田氏自身そういうフィロソフィーをきらっているのかもしれないが、氏のアイデアがあって、それにあてはめていくような書き方では、不自然のものとなろうが、事実そのままを書いて、それにあるアイデアに自然に帰着していくというようなものが、いわゆる深さのある作物であると考える。徳田氏にはそれがない。

（「文壇のこのごろ」、大阪朝日新聞、一九一五年十月十一日）

確かに秋声の小説には、〈情〉はあるが、〈知〉や〈意〉は存在しない。フィロソフィーと言う場合、漱石は西洋の古い伝統に則って、〈知〉や〈意〉をそれと見做す（ここで西洋と日本の差がはっきり浮かび上がる。漱石はゾラ流の自然主義が〈知〉に偏重した文学と見る。彼は一貫して自然主義を西洋流に主知主義だと解釈していた）。淡々と日常を描き、真実を書くだけでは物足りないと考え、善や美の欠如をそこに見るのだ。

徳田秋声はいわば人情派の王者である。思想と主題はほとんどの作品に欠如していて、作品の多くが庶民の日常や秋声自身の日常を題材に採っている。だから、描かれている事柄は実に狭い範囲のことであった。『あらくれ』もまた、農家にもらわれた養女の人生を一部切り取り、淡々と書いているだけと言われればそれまでの作品と言える。だが、そこに情緒や風情を感じ、愛好する人々も存在する。井伏鱒二や尾崎一雄、また秋声に唯一、原稿を出版社に紹介してもらった川崎長太郎などは、彼の作品に現れる独特の趣に心惹かれ、特に短編に関しては格別の評価をしている。また川端康成も、秋声に女性を書かせれば世界一だと称賛しており、日本文学の歴史を語る際、《日本の小説は西鶴から鷗外、漱石に飛んだとするよりも、西鶴から秋声に飛んだとする方が、私にはいいやうに思ふ見方である。鷗外、漱石などは未熟の時代の未発達の作家ではなかつたか》（谷崎潤一郎ほか編『日本の文学〈9〉徳田秋声』）と、秋声を日本の近代文学者の筆頭におくべきであると主張した。

このような川端の意見は、坪内逍遥の『小説神髄』を日本近代文学の始まりであるとするならば、至極真っ当な意見である。徳田秋声は、具体的な心理の吐露でなく、客観描写から情感を書くという点では、その確立者の一人と言っても過言ではない。他方、文学は思想だと考える人間は、徳田秋声の作品を読んでも、深い感動が得られることはないようである。例えば小林秀雄などは、秋声はわからないと言って深く触れようとはしなかったし、坂口安吾は『枯淡の風格を排す』という評論で、当時すでに老大家と言われていた秋声を厳しい言葉で論じている。枯淡とは、淡々とした中に深い味わいがあることを云うが、安吾は、そんなもの認められない、またさび（寂）という一つの情調も認められない、と強い口調で批判をする。この秋声批判で、秋声を中心とした〝あらくれ会〟に所属し、彼の作品を信奉している尾崎士郎から決闘の申し込みを受け、その後に終生の友人となったことは有名な話である。

三

時代は遡るが、そもそも直接的に坪内逍遥及び『早稲田文学』、そしてフランスのエミール・ゾラの無理想・無解決に批判を加えたのは、森鷗外であった。鷗外は一八八四年からドイツへ渡り、四年後の八八年に帰国すると、その三年後の九一（明治二十四）年、当時シェイクスピアの紹介者として、また『小説神髄』の著者として、草創期の文壇に地位を確立していた逍遥に、自らが主宰する日本最初の文芸評論誌『志がらみ草紙』で文学上の議論を仕掛けていった。それに逍遥の方も第一次『早稲田文学』誌上で応戦し、論戦が繰り広げられた。ここにかの有名な〝没理想論争〟が勃発したのである。第一次『早稲田文学』では、島村抱月が自然主義の理論を確立しようとし、また硯友社の最古参で、論者によっては自然主義派の最初の人物と考えられた広津柳浪などが筆をとっている。そこで鷗外は「逍遥子の諸評語」「早稲田文学の没理想」「早稲田文学の没却理想」「逍遥子と烏有先生と」「早稲田文学の後没理想」「エミル、ゾラが没理想」と次々に批判を加えていった。

このいわゆる〝没理想論争〟は日本近代文学史上初めての論争として知られているが、ここで没理想と言われるのは無理想とも解されるもので、今日ではまた、無思想と言い換えてもよいものだろう。理想という言葉に対する論者同士の解釈に、そもそもの齟齬があるとも言われているが、ここで鷗外が述べたかったことは《世界はひとり実なるのみならず、また想のみち〳〵たるあり。》（『早稲田文学の没理想』）ということであった。逍遥は現実の世界にしか目を向けておらず、人間の想像の力、あるいは理性的な事柄に関して、全く関心がないと非難する。逍遥の、個別で特殊な個人的経験を基にした帰納的な方法論だけではなく、観念的な美や理性を見出すところの演繹的な方法論を鷗外は打ち出すのである。

当時の日本の美学界では、中江兆民によって訳されたフランスのヴェロンやヘーゲルの美学などが積極的に移入されたが、鷗外の場合は、ドイツで学んできた思想の影響が強く見られる。鷗外は十九世紀後半に活躍したペシミストである、エドアルト・フォン・ハルトマンを自らの師とし、その助けを借りて論争を進めていった。フォン・ハルトマンは、一八六九年に主著『無意識の哲学』を発表して以後、大学などの研究機関には属さず、在野で活躍した思想家である。彼はまず、十九世紀初頭に注目を浴びた哲学者たちの、思想の統合を試みた。カントから続くドイツ観念論哲学の完成者ともみられるヘーゲルの「理性」、さらに、世界の実在は反理性的な「盲目的意志」であるとするショーペンハウアーの説を、ヘーゲルの弁証法哲学で止揚したのであった。西洋では中世以降、主知主義（intellectualism）を主張する者と、主意主義（voluntarism）を主張する者とが常に対立をしていた。そして十九世紀は、主知主義の代表者としてヘーゲルが、主意主義の代表者としてショーペンハウアーが君臨しているという状況があったのだ。これをうまく統合しようとしたのがフォン・ハルトマンである。主著『無意識の哲学』では、これらに加えロマン主義の代表者であり、その終わりを告げたと云っても良い後期シェリングの〝積極哲学〟の概念も追加する。十九世紀の初頭に現れてきた新たな〈知〉〈意〉の哲学と、それとは趣きの異なるロマン主義的な哲学をバランス良く組み合わせ、万有の源を「意志的かつ理性的な無意識」と定義した。

鷗外は、フォン・ハルトマンに出会うまでは、理想派と実際派という二つの対立概念を用い自らの考えを表してきたが、これ以降は二つを統合する結象理想（具体化した理想）という概念で論争をするようになったのである。〈知〉と〈意〉に支えられたこの結象理想が人文には必要で、そこから〈美〉の概念も派生する。それがなければ事実だけに即し、未来への発展が何もないものになってしまうと鷗外は考えた。これにはダーウィニズムの決定論も念頭にあった。特にエミール・ゾラが進化論の影響を受け、遺伝や環境によって人間の人格が決定づけられると仮定した小説に、文学者であると同時に医学者でもあることから、強い反発心が起きたのである。このことは「没理想論争」より以前に『医学の説より出でたる小説論』ですでに言及されている。

フォン・ハルトマンが思索をした時代は、ゾラが出てきて自然主義文学が全盛期を迎えていた頃であった。鷗外の場合も漱石と同じく、〈知〉〈情〉〈意〉が含まれたものを、真の芸術と考えたのだ。これは少し余談になるが、〈知〉〈意〉に基づいた理想と、鷗外が言うところの没理想との対立は、実は文学や哲学だけでなく他の分野においても起こっていた。

特にこれらの対立は十九世紀後半に見られることである。その要因に挙げられるのは、一八五九年に発表されたダーウィンの『種の起源』の衝撃と、西欧に入ってきた全く質の異なる東洋の諸文化の移入であった。今までの西欧の伝統とは異なる芸術観やものの考え方によって、一時期、混沌とした時代を迎えていた。

例えば絵画の世界では、印象派がサロン・ド・パリに受け入れられないということがあった。当時のサロンはアカデミーが主導になっており、それゆえ新しい画風をとり入れた印象派の画家たちは常に冷遇されていた。そもそも、西欧の絵画の世界では、宗教画や歴史から題材を採ったものが最も崇高と考えられ、景色や庶民、さらには静物画やヌードを描くなどということはモラルがないと考えられたのである。ところが印象派の画家たちはキャンバスを外に持ち出して、そこで絵を描いていったのだ。外にわざわざ出かけるとなると、その被写体も当然のことながら変容していく。描かれるのは、改造期のパリであり、新たに庶民が住むようになった郊外であった。それに付随して、そこに住む庶民の生活や労働者の姿、そして休息する家族の姿が描かれるようになる。印象派の作風は、国家が無視できないほど様々な影響を与え、革新的芸術家たちにサロンの偏重を訴えられた時の宰相ナポレオン三世は、一八六三年、サロンの会場の隣りで落選展を開催し、そこに落選した印象派の作品を集めた。落選展にはサロンに優るとも劣らぬ多くの見物客が訪れ、その盛況ぶりは話題となったが、結局これも二回で打ち切りになってしまう。しかしこれが、一八七四年から始まる印象派展の先がけとなったのだ。

さて、モラルがない、下品だ、などと保守派に攻撃された印象派の画家達であったが、戸外制作や庶民を描くということに関して、実は他の文化から大きな影響を受けていた。それが日本をはじめとする東洋の文化だったのである（西欧にも庶民を描くネーデルラントの画家たちがいるが、そこにはアレゴリーが含まれている場合も多い）。一八六七年、パリで万国博覧会が開催され、そこに東洋の国々が参加した。日本は江戸時代の最末期で、イギリスに対抗していたフランスの公使ロッシュが幕府に援助をしていた縁から、初めて万国博覧会に参加することになった。維新前のことであるから、パリにはちょんまげ姿の侍が現れ、和服姿の芸者も同伴されたのである。これに前後して、急速にパリでの東洋趣味が広まり、トルコ趣味や中国趣味などとともに日本趣味（ジャポニスム）が流行するようになる。その中でも浮世絵は大変評判で、その特異さに魅せられたコレクターが多く現れたほどであった。この浮世絵というものは、そもそも当代の風俗を描くことに主眼が置かれている。世界でもまれに見る大都市江戸や、商業都市大坂、さらには旅する人々、遊里、芝居、力士、役者、美女など、巷に生きる人々のありのままの姿を描いていった。そこには崇高な理念や思想は存在しない。それを見たパリの画家たちの中には自ら収集を行う者もいれば、それを写生する者も現れて実に大きく感化されていく。マネ、モネ、ドガ、ルノワール、ピサロ、あるいは印象派展後に活躍したポスト印象派のゴッホなどは明らかに日本の影響を受けている。

さらにこれらの印象派の画家たちの他に忘れてはいけないのが、後に日本でも鷗外や漱石に攻撃されることになる小説家、エミール・ゾラの存在である。彼は少年時代から印象派の画家であるセザンヌの友人であったが、後にマネを筆頭とする印象派諸氏が集まった、モンマルトルのカフェ・ボルゲアに出入りするようになった。そこでマネがサロンの関係者から攻撃されるのに対して、自らは印象派を擁護する美術評論家の一人として筆で対抗したのである。またこのカフェはジャポニスムの交流に一役買ったところでもあった。印象派とサロン、あるいは保守派の人々の争いは、印象派展が開催されなくなってからも、根深い対立として残っていく。印象派のコレクターとして著名で、自らも印象派の画家として活躍したギュスターヴ・カイユボットが亡くなった際、遺書にコレクションをリュクサンブール美術館に寄贈し、後にルーブルで見られるようにとのことを記したが、これは各所から猛烈な反対に合いその望みは叶えられなかった。その作品が多くの人々の目に触れるようになるのは、オルセー美術館が出来てからのことであった。

このように、保守派と、進化論や東洋の文化の新しい考えを取り入れた者との間には、各分野に大きな対立ができていた。そこにはモラルがあるかどうかが鍵になってくる。モラルとは、カントの言うところの、理性と意志によって捉えられた概念であった。つまり、そこに理性的・意志的な何かがあるか、それともないかという問題なのだ。モラルを重視すると、西洋では保守派ということになり、その反対は革新派ということになる。これが日本の場合だと前者は鷗外や漱石に当てはまり、広い意味でいえば近代主義者ということになるのだ（しかしながら、鷗外や漱石は、西洋の概念を尊重したが、晩年になるに従い、文化芸術に関しては保守的になった）。西洋と日本の場合では、その傾向がはっきり逆だということに気付かされる。このような歴史の転換点の中に、〝没理想論争〟を位置づけることが出来るだろう。

四

日本の近代文学はこの論争で、自然主義と反自然主義という、両者の方向が決定づけられたということに違いはない。が、日本と西欧の間では奇妙なねじれが生じていて、日本の自然主義は科学を抜きに、ありのままを書くことに傾倒していった。日本の近代文学が独自の文学史を形成していることが明らかになるのは、その後のことであった。

鷗外や漱石の側からは、理知主義的な傾向をもった『新思潮』(一九〇七年)、耽美主義の『スバル』(一九〇九年)、理想主義の『白樺』(一九一〇年)の三つの流れが現れた。これらは〈知〉〈情〉〈意〉のバランスが、様々に変容しながら形成されていったものである。もう一方の逍遥側は、主に『早稲田文学』を主戦場とし、《即ち現実を見る方法は、一切の理想や道徳を放棄したもの、余の所謂破理顕実の態度であらねばならぬ。今日の所謂自然主義的なものは、正に此の立脚点に在るものである。》(「論理的遊戯を排す」『日本現代文学全集』二七)と主張した長谷川天渓、そして島村抱月へとその理論が受け継がれ、第二次においては、田山花袋、正宗白鳥などの自然主義派の小説が誌面に並ぶようになる。

この派は、時代を下るごとに〈知〉〈意〉などの概念は消失し、なるべくこの世のありのままの姿を描き出し、そこに〈情〉、つまり逍遥が言うところの人情が加えられ、主題よりも直接的に情感を伝達させることに重きが置かれた。それゆえに社会よりも個人に傾き、この傾向が極北にまで達したものが、自然主義派の作家たちの中に現れた、私小説である。花袋が『蒲団』を発表した年は、『新思潮』の創刊された明治四十年のことで、ここにはっきりと両陣営の行く方向性が見えてきたのだ。

さらに人情偏重、理想排除の傾向が強くなり、明治の最晩年から大正年間に入るころになると一種のセンチメンタリズムになって、それが作品に昇華されたとき、強い自虐性をもった作品群が現れるようになった。自らを低くするという傾向は日本人に顕著な傾向である。例えば人の家に菓子折りなどを持っていく際、「つまらないものですが」と自らを低くし、人と会うときは常に頭を下げる。そして現代においてはひらがなの〝ず〟を携帯電話に打ち込んで変換予測を見ると、ほとんどの人に「すみません」との言葉が出てくる有様である。また謙譲語の発達も、日本人の自らを低くする特徴を如実に示している。最も場所的に近い韓国にしても中国にしても自分を低くするような言葉を吐かないし、欧米人も滅多に謝罪をしない。そもそも私小説の最初のものとされる花袋の『蒲団』にも、最後に女弟子の蒲団のにおいをかぐという自虐的な場面が出てくるのだ。物語全体を通しても、極めて自虐的な構造をとっている。そこには一番確実なものは自分であり、そのありのままとは決して綺麗事でない、人間の裏に隠された惨めな人間を描く、あるいは暴露する、というゾラの社会暴露の自然主義から一部継承した考えがあった。女に逃げられストーカーのようになる者、事業に失敗し自暴自棄になる者、貧乏のために家族を養いきれない者、こういった内容がいわば暴露され、自虐として現れてくるのである。

このような作品を多く書いたのは、岩野泡鳴、近松秋江、葛西善蔵、嘉村礒多、牧野信一、川崎長太郎などであった。数を挙げればキリがない。これは、『白樺』系の、特に志賀直哉を祖とする心境小説的な小説とは一線を画すものである。日本の私小説に独自性を認めるならば、自然主義的私小説の、その強い暴露性と、それゆえの自虐性の中にこそ特徴が現れているのであろう。

隣りの朝鮮半島では、近代文学草創期に自然主義文学が移入されたが、その祖と言われる廉想渉は、遺伝、環境、時代を反映した、エミール・ゾラの思想に極めて近い『三代』という長編を残した。これは朝鮮半島に生きた三代の家族を描いたもので、もっぱらゾラ流の自然主義に徹しており、すでに日本の小説より本家の考えに近いものとなっている。さらに短編小説の確立者と云われる金東仁や、植民地時代最高の作家と言われながら常に思想がないと批判された李泰俊などにしても、自伝的な作品をいくつか記しているが、その背後には国家・民族・地域差別などの問題があり、またその現れる自虐性も少ないため、日本の場合と簡単に同一視することはできないだろう。

以上に論じてきたように、日本では近代文学草創期に、すでに分裂が生まれているのである。それは逍遥の『小説神髄』の序文に結果的にひきずられていった。日本には明治より昔、学問の観点から小説を捉えるということはなかったため、知性や意志などの問題になじみが薄く、短歌、俳句、小説などは感情や人情に訴えるものでしかなかったのだ。そういった意味ではシェイクスピアの著作に学びながらも日本から出ることはなかった逍遥は、それ故に西洋文学の内実に深く精通できなかったのだろうか。実際、ロシアでは十九世紀の終わりから二十世紀の初めにかけて、ドミトリー・オフシャニコ・クリコフスキーが、これまでに支配的だった、イメージによってシンボルの創出をするという芸術観に、それだけでは足りないと考え、後付けで、イメージは欠如しているが、情緒に直接訴える芸術があること思いを、理論の上で急拵えしたほどだった。この説から見れば、日本では明らかに、はじめから後者に傾いているのである。

それに対して鷗外や漱石は自らの足で西洋の土を踏み、また理論を組み立て、〈知〉〈情〉〈意〉の三要素が入ったものを、もっと言えば主題の顕著な文芸を最も崇高な文学と考えた。そのような立場から自然主義の文学に批判を加えていったのである。このように当初から、二つの地下水脈が、日本文学の根底はあったのだ。

〈情〉に偏重し、自然主義的私小説をその極北とする、思想や理想の少ない小説が一本道のように日本文学史の中には存在し、それに対抗する形で〈知〉〈情〉〈意〉の割合が、時と場合によって変化した種々の小説が存在している。これが日本近代文学に見られる顕著な特徴で、両者の傾向は、坪内逍遥の〝人情〟という言葉を端緒にして、決定的に分かたれたのであった。

Ⅲ　文学史研究

トルストイとリアリズムに関する三つの考察

写実主義及び自然主義的な文学の存在意義

十九世紀の文学が大まかに言って、ロマン主義から写実主義を経て、自然主義に至ったのは、良く知られる通りである。写実主義と自然主義は、現れる傾向が極めて似ているため、ここでは一括りに扱うが、まずロマン主義から写実主義の移行は、社会の不安と無視できぬ現実を受け継ぎ、さらに自然主義への移行でそれを決定づけた。

リアリズムは、現実を受け入れながら、それを描く行為には、どこか悲観的な側面が横たわる。私たちは、同世代に生きたフロベールとボードレールを見れば、それを感じ取れるだろう。そして自然主義に至り、その方向性ははっきりと定められたのである。

当初、自然主義文学は、既成概念を覆す新たな方法論として生まれた。キリスト教思想、特にその創造思想に徹底的に挑戦したダーウィンの進化論の影響と、クロード・ベルナールの実験生物学に依拠し、エミール・ゾラが、遺伝と環境と時代によって人物を捉える方法を確立したのであるが、彼の方法論は、瞬く間に流行となり、全世界に広まって新たな価値基準を文学の世界に提供した。

モーパッサンなどは、大きくこの考えを受け継いだ。一人の人物に焦点を当てて、家族や実社会を映し出し、そこに人間の姿を垣間見ようとした。

彼らの影響は、フランスだけにとどまらなかった。非ヨーロッパ文化圏であるアメリカや日本、朝鮮などで独特な受容をされ、発展していった。私が論文の題を「自然主義」ではなく「自然主義的」としたのは、あまりにはじめの自然主義の方法論と、受容された形が異なっていることによるものである。

例えばアメリカでは、移民社会ゆえに、セオドア・ドライサーなどが試みたように、移民の民族的出自と性格が強調される作品が紡がれ、日本では自らを描く私小説が生まれ、また朝鮮半島では、この国に独自の差別と繋がって、豊潤な文学的な土壌を育み、受容された地域に従って、次第に当初の実験的な傾向は薄れていった。

一方、その受容と発展を余所に、急進的な思想の流行は、常に猛烈な批判を浴びるのが常である。既成の価値観を信奉する者には、当然受け入れ難い考えがあり、しばしば行われた攻撃は苛烈を極めた。

まず行われる批判が、これらの文学が決定論に陥っているとのものである。創造的な芸術創作において、外的な要素によって主人公の未来が決定されるのは、許し難い暴挙だという。自然主義文学に描かれる人間には、何の救いようもなく、また希望もない。全てが自然主義の方法論で書かれると、芸術のヴァリエーションも少なくなるというのだ。日本でも、鷗外・漱石をはじめ、この思潮の問題点を数多く指摘し、自然主義を信奉するものに激しい批判を加えた。

それにも拘わらず、ゾラの自然主義は、変容しながらも各国で発展していった。理論を抜きにして、読者からの大きな支持があったのもまた事実である。

実は理論が先に生まれ、長くに亘り読者の心を摑んだ事例はそう多くはない。様々な理論はあっても、近代においてこれほどに広まった考えも珍しいのだ。そのように考えると、理論だけに捕らわれず、読者への受容を考える必要が出てくる。理論のみでの批判は、まさに机上の空論になる。なぜ人々は、下手をすれば決定論になり兼ねない、自然主義文学の本を手にとったのだろうか。

○

自然主義的な文学作品は、基本的にハッピーエンドではないし、描写も時に醜悪で、多くの人が気分を害する書き方がされている。理想化を排するから、見るに堪えない残虐非道な行為が描かれ、主人公は血と汗と涙にまみれる。彼らは決して幸福なわけではない。世を厭い、悲観的になって、それでもなんとか生きている。

これらの傾向は、日本の自然主義的私小説をはじめ、あらゆるところで受容された自然主義に共通するものである。人の世を直視すると、目を覆いたくなることが多いばかりで、感動的な結末は限られている。

しかし、科学的である以上に、自然主義文学は、読者にはより現実的なもの、より自分たちの世界に近いものだと認められた。それは十九世紀という時代に見事に合致していたからだろう。

十九世紀には、個人主義及び産業化の波が、人々を孤立したものにし、そこに顕著な悲観と厭世が現れた。工業化された街はくすんで、女、子供までもが労働力として酷使された都市では、目を覆いたくなるような状況ばかりである。これらの悲観と厭世の下に生み出されたのが、カール・マルクスによる共産主義だったのであるが、さらに言えば、ショーペンハウワーの厭世観やキルケゴールによる実存主義の萌芽は、これらに呼応して、同じ腹の中で生まれたものであった（ショーペンハウワーの著作が本格的にフランスに紹介されたのは、一八七〇年代になってからのことである）。

その後に生まれた自然主義文学もまた、時代は下るものの、その厭世的、悲観的な傾向によって読者を獲得した。読者は理論など考えず、ただ自分に近い状況が描かれていることに惹かれていった。

とてつもないどん底に陥った人間は、どのような幸福も呪いたくなる。ある人が不幸に見えながら、実は幸福や希望に満ち溢れていることが垣間見えると、もはや自分の仲間だとは思えない。頼るところのなくなった孤独な魂は、自分と同じ悲劇を有し、寄り添ってくれる人間を探すのである。小説に書かれる悲劇が、自分の心に通じ合うことで、読者は慰めと救いを獲得する。

ここで、時に厭世的で悲観的な自然主義的文学作品と、読者による慰めを紐解く鍵は、おそらくロシアの大文豪、レフ・トルストイにあるだろう。無論、彼は写実主義の作家であっても、自然主義の作家でない。しかし、共有するものは少なからず存する。彼の本質は、極めてペシミスティックで孤独な魂を有したところにあった。トルストイがショーペンハウワーを読み、モーパッサンの、結末以外は極めて悲観主義的な内容の長編『女の一生』を褒め称えたのは、実は全く同じ心境に立っている。さらに言えば、彼が記した『イワン・イリッチの死』の主人公イワン・イリッチと、『女の一生』のジャンヌとは、いかに境遇と心境が似ていることか！

イワンとジャンヌは、共に忘れがたき幸福な幼少期を過ごして、その後は絶望と悲観に暮れ、転げ落ちるように、救いようのないこの世の歯車に巻き込まれていく。精神は荒廃し、配偶者には絶望し、救いがたき人生を送っていくのだ。彼らはまるで同じ人間のように、行き場のない現実から目を逸らし、二度と戻ることのない幼少期を思い出して、感傷に浸り、もがき苦しんだ。

その境遇を書き得る小説家トルストイだったからこそ、読書家トルストイは、モーパッサンの『女の一生』に胸を打たれ、作品に賛辞を送ることができたのである。そして、彼らが描いたことは同時に、個人主義の時代に孤独に陥っていた読者に、共感と同情、そして慰めを与えたのだ。

トルストイはその後に記した『芸術とは何か』で、「作者と同一心境に感染し、他の人との合流を感じる、とその時、この心境を誘発する作品は芸術である」と結論付け、その感染力こそ芸術を計る唯一の尺度であると主張するが、これは無論、彼がペシミスティックな読者として経験したことに由来する。彼は自らが作者である以上に、読者として芸術を必要とした孤独な魂を有していたのである。だから、美や知とは一線を画した芸術の価値を発見できたのだ。

日本でも自然主義文学は見事に私小説へと変容したが、形は変われど、それを求めた読者の傾向は、全く変わることはなかった（観察よりも感情を優先するという点では、ゾラによる自然主義「ナチュラリスム」よりも、一世代後の「ナチュリスム」に日本の自然主義文学の立場は近い）。

読者は、同情と共感、そして慰みを求めて、本を懐に置いた。そのことに、はじめに直観的に気がついて評論したのは、自らでも文学作品を記した、広津和郎であった。彼が、トルストイやモーパッサンに影響を受けたのはよく知られており、前述の『女の一生』をはじめて翻訳したことでも知られているが、広津が彼らに惹かれたのは、神経症や不眠に陥り、悲観に暮れた広津青年が彼らの作品によって寄り添いを感じたからだった。

有島武郎の「宣言一つ」によって生じた文学論争の後に書かれた、広津の評論「散文芸術の位置」は、彼が読者として感じたことが明確に記されている。つまり、散文がその他の芸術にも増して、より一層優れている点は、「直ぐ人生の隣りにいる」という点である。広津はこの考えを、モーパッサンやトルストイを愛読し、また翻訳したことで抱くに至ったのだろう。冷徹な目で人間や世の中を見、それを記す時に、寄り添う芸術は達成される。

この作者と読者の関係が、自然主義的な私小説に続いていることは、もはや言うまでもない。自分を題材にして、その醜さと悲劇とを書きつらねる時、悲観的な読者は、そこに自分の姿を重ね合わせ、慰めと救いを得る。だから、私小説は、自分を冷徹な目で見て、醜い面まで書き記されなければ、優れた芸術にはなり得ない。ただ経験を繋げただけで、自らを書かなければ、そこに何の意味があろう。自然主義の精神を受け継いだ時にはじめて、私小説は、読者の枕の横に置かれる作品となり得る。

現代で最も熱心な私小説読者の一人である鈴木地蔵が、「文学に慰藉を求めるのは、鑑賞の邪道かもしれぬが、一つの方途ではあろう。私の小説鑑賞は、じつはそれにつきるのである」というのは、まさにトルストイや広津和雄の意見を無意識に踏襲しており、私小説愛読者から実作者へと転じた西村賢太が大正期の私小説家に救いを求めたのも、全く同様なのである。

自然主義的な文学の存在意義は、まさに読者と共にあるところに存する。慰めと救いを求めて、何度も何度も読まれる作品が、ここでは価値ある作品なのだ。だから、人々が悲嘆に暮れ、孤独に陥り、悲観と厭世の心境の中を漂う時、これらの文学はより一層受け入れられる。よって、読者に慰めと救いを提供すること、ただその一点において、写実主義及び自然主義的な文学はその意義が確かめられるのである。

孤独な生活者トルストイ

トルストイが大変に優れた作家であるとはよく言われることだが、彼がどのように優れているかを詳細に説明するのは、そう簡単ではないであろう。ペシミスティックな傾向を存分に有した、モーパッサンの『女の一生』を激賞したこと、自らもその後に救いがたき生を書いた『イワン・イリッチの死』を書いたこと、また『芸術とは何か』で、「作者と同一心境に感染し、他の人との合流を感じる、とその時、この心境を誘発する作品は芸術である」ことを主張したのは、全て同様の志向性の表れだと言って良い。

私の見識では、芸術家は類稀な感受性のゆえに様々な逆境を感じて、悲観的傾向を多分に有しているが、自らもショーペンハウアーを愛読し、悲観的な気質を有していたトルストイは、当初は読者としてもそのような傾向をもった作品に寄り添われるのを感じ、作者としても孤独な魂に寄り添うことを旨とした。

悲観が書かれた作品を読んで、同じように救いがたき人間の孤独に苛まれた人間は、自らと同一心境を有している人間に、同情と励ましを得る。彼らは、悲観と絶望のただ中にいて、自分の同伴者になる人間を本の中で探そうとしている。だから、本当に悲観の内にいなければ、心の隙間に入ってこない作品があるのだ。それはモーパッサンやトルストイに影響を受けた広津和郎が「直ぐ人生の隣りにいる」ことが、散文の利点だと言っているのにも符合する。

これらの見解を見た上で考えると、トルストイに関して交わされた正宗白鳥と小林秀雄の「思想と実生活論争」は大変に興味深い。この論争は一九三六年に両者の間で執り行われたものだが、簡単に言えば、トルストイの死が思想の果てにあったものか、それとも実生活の果てにあったものか、という点にある。

あまりに有名なトルストイの謎の死は、百年以上経った今でも、一つのミステリーとして数えられる。当時、誰にも増して尊敬と名声を集めていたレフ・トルストイは、十一月のある日、突然、家出を決行した。ホームドクターと一緒に旅立った彼は、妻に追ってこないように手紙を書き、妹の修道院に寄るが、しかしその後、乗り合わせた鉄道の中で、すでに高齢になっていたために、激しい悪寒を感じて体調を崩し、肺炎を引き起こしてしまう。これが決死の家出であることを物語るように、それでもトルストイは家に戻らなかった。そして、一週間後、彼の住まいから二百キロほど離れたアスターポヴォという駅で、八十二歳の生涯を閉じるのである。

彼の奇妙な死は、当時から多くの話題をさらった。夫人との不和、正教会との決別、それ以外にもさまざまな要因が語られた。この天才の死が何を意味するものなのか、極東の島国でもそれが論争として巻き起こったのだった。

まず論争の端を発したのは、正宗白鳥のエッセイであった。彼は、敬愛するトルストイに向けて以下のように語った。

廿五年前、トルストイが家出して、田舎の停車場で病死した報道が日本に伝わったとき、人生に対する抽象的な煩悶に堪えず、救済を求めるために旅に上がったという表面的事実を、日本の文壇人はそのままに信じて、甘ったれた感動を起こしたりしたのだが、実際は細君を怖がって逃げたのであった。人生救済の本家のように世界の識者に信頼されていたトルストイが、山の神を恐れ、世を恐れ、おどおどと家を抜け出て、孤往独遇の旅に出て、ついに野垂れ死にした経路を日記で熟読すると、悲愴でもあり滑稽でもあり、人生の真相を鏡にかけてみるごとくである。ああ、我らが敬愛するトルストイ翁！

（「トルストイについて」）

白鳥は、トルストイの死を、実生活上の苦悶の結果としてみる。実際に、妻との手紙の中では、いかに両者との関係が拗れていたかが窺え、それを見て白鳥は、以上のエッセイを書くに至ったのである。随一の自然主義作家である白鳥らしい指摘であったのだ。

それに対して小林秀雄は、白鳥の見解は天才を凡人に引きずりおろす、浅ましき言説だと非難したのである。小林は言う。

ああ、我が敬愛するトルストイ翁！　貴方は果して山の神なんかを怖れたか。僕は信じない。彼は確かに怖れた、日記を読んでみよ。そんな言葉を僕は信じないのである。彼の心が、「人生に対する抽象的煩悶」で燃えていなかったならば、おそらく彼は山の神を怖れる要もなかったであろう。

（「作家の顔」）

ちなみに、白鳥や小林が「山の神」というのは、トルストイの妻ソフィアのことを言っている。そして三ヵ月後、小林は続けて言う。

彼は細君のヒステリに耐えたのではない、「アンナ・カレリナ」の思想の放棄さえ迫った残酷な思想に耐えたのである。

（「思想と実生活」）

二ヵ月後、また小林は繰り返す。

トルストイが思想の犠牲者として家出をしたのは、彼がその思想を信ずる事余りに病的だったので、灯台下暗しで、細君のヒステリイとの関係を充分に思索する暇がなかった為である。

（「文学の思想と実生活」）

小林の方はかなり長く、また少しわかりにくく書いているので、これだけの抜粋では量が足りないかもしれない。けれども、それなりに要点を示しているはずである。二人の主張を聞いて、様々な意見が分かれると思うが、どうだろうか。私の見解ではトルストイは「生活随伴作家」であって、これを抜きにしては、トルストイではなく、その存在意義はまるで減じてしまうと思うのだ。この世の苦しみに悶え、時に世を厭い、悲観する生活者に寄り添うためには、自らが徹底した生活者でなくてはならない。彼らには、全ての思想は生活の上に成り立つ。

従って、トルストイこそ典型的な生活困難者であり、究極の帰宅恐怖症患者なのだ。小林は、前半生と後半生のトルストイの変容を指摘した。確かにそれも一理ある。芸術家は環境にも増して、生まれながらに内面の攻防を強く持つ天才によって育まれるものだと私も思う。しかしこの場合、根っこにある生活者としての彼が、果たしてそこまで変わったのかということである。思想は実際に生活を支配しはするが、思想はまた生活に支配される。トルストイの場合は、これらの事柄は後天的な思想の形成によるのだろうか。私には、彼が多くの芸術家がそうであったように、人生に対する生きづらさが、つまり生活に対する根本的な問題があるのではないかと思うのだ。芸術の天才は、むしろ人生と生活における、局外者の立場に存する気がしてならない。

実際、彼が何を思ったか、私たちには何ら知る由もない。しかし、彼が『芸術とは何か』に記した芸術観、またはモーパッサンの『女の一生』に共鳴した事実、これらを総合的にみれば、トルストイの煩悶は実生活によるものがかなり強いと考えられるのではないか。

トルストイは一大天才である前に、ペシミスティックで、生の苦悩に誰よりも溺れた典型的な生活者であった。生活に苦悩した者だった。だから、白鳥の言葉を借りて言えば、逆説的に「人生救済の本家」になり得たのである。煩悶する孤独な生活者に、読者は共感し、また同情し、自らの人生の横に置いたのだった。

自然主義文学の典型的作家である正宗白鳥も、そのような読み方をし、広津和郎もまた同じように読んだ。また広津は、トルストイを敬愛した正宗白鳥の小説に感銘を受けて文学を志し、その当人から『中央公論』の滝田樗陰を紹介してもらい、自らも小説書きになったのである。三人はそれぞれに、現世においてとてつもない苦悩を感じ、煩悶しながら、本を懐に入れた弱き魂にしか過ぎなかった。だから彼らは、人に寄り添う文学を書き得たのだ。トルストイも白鳥も広津も、みんな孤独な生活者だったのである。

自然主義文学、トルストイ、そしてプロレタリア文学

十九世紀中葉以降の西欧文学は、次第に既成の価値観を塗り替えて、倫理的な面を度外視した、一人の人間に寄り添う文学を作り上げていった。写実主義、自然主義に至る道筋は、あらゆる理想の挫折、社会に対する悲観がその背後には隠れている。

高度な科学技術が発達し、欧米各国は工業化が促されて、各地に近代都市が形成されていっ

た。劣悪な労働環境や住環境により、都市からあぶれるものは、増加の一途を辿った。そこにショーペンハウアーやマルクス主義思想が、現世の悲観的観測から生み出され、さらに文学の世界では、写実主義及び自然主義文学が、むしろその内実をつぶさに書き切ることによって、読者の共感と同情を得たのである。

十九世紀において徐々に現れる、この世に対するペシミスティックな空気が、悲観と絶望に暮れる個人に向けた思想と芸術を見出し、後に二十世紀の一大思潮に合流した。その最たるものがプロレタリア文学であった。十九世紀にはこれらを準備するための、価値観の転換と成熟が行われたのである。幾分プロレタリア文学中心の文学史観になるが、それでもこれらの過程を見逃すことはできないだろう。後にプロレタリア文学の指導者の一人となった、蔵原惟人も、同じような見解を示している。

人類史上に於けるブルジョワジーの使命は「個人の解放」にあった。そしてブルジョワジーをしてこの歴史的使命を遂行し得たものは、いうまでもなく、その社会的地位及びその生活原則であったのであるが、その同じ社会的地位、その同じ生活原則がまたブルジョワジーの個人主義を生み出した。実に個人主義こそはブルジョワジーの物質的、精神的生活を通じての決定的原則であったのである。

自然主義文学もまたその出発点をこの個人の中に有している。……

（蔵原惟人『プロレタリヤ・リアリズムの道』）

そもそも十九世紀後半は、マルクス主義思想が、実践に備えて成熟し、文学は写実主義と自然主義を経て、ついに悲観の極みまで煮詰まった。次第にこれらの思潮が、悲観から実践的希望へと移行する。リアリズムにおいて先駆を成すフロベールのマダム・ボヴァリーにおいては、絶望の先にある理想への希求は見事に打ち砕かれるが、フランスにおけるゴングール兄弟の実験を経て、その流れの中で、逸早くその傾向を辿ったのが、ロシアのレフ・トルストイとエミール・ゾラであった。彼らは、自分の内から、悲観から希望へと転ずる光を見ようとした。一八八〇年以後のトルストイの活動は、時代に流れながら、さらに前に進んでいった。彼の死が、革命より七年早い一九一〇年だったことは、この意味をさらに明確にする（予め断っておかなければならないが、ゾラがドレフュス事件に関与し、二十世紀半ばには、広津和郎が松川事件の被告たちを弁護する立場に立ったが、これらの活動は、トルストイや後の共産主義運動のように、積極的に理想的共同体を作ろうとするものではないから、両者は一線を画している。しかしながら、後述するように、ゾラの場合も明らかにユートピアに関心を抱いて活動を行った）。

ゾラもまた、アメリカなどでプロレタリア文学に多大な影響を与えたが、トルストイの影響も大きかった。すでに一個人の中で悲観から希望への光を見出したという点では、トルストイの方が自然主義の文学者よりも一歩踏み出しており、実際トルストイはゾラを批判までしている。そしてゾラも晩年は、ユートピア的社会主義に強い関心を持った。

　写実主義及び自然主義は、明確な目的を持って、二十世紀にはプロレタリア芸術に融合した。先述の蔵原惟人はイデー（理念）に従って現実を改造するイデアリズムと、旧来のリアリズムを比較して、後者を良しとし、その中でもプロレタリアートに対するリアリズムこそ、真のものであると主張する。

　斯くしてリアリズムは、共産主義運動のための道具として、使用されるに至り、そして蔵原が奇しくも自らで述べたように、皮肉にも、イデーに従うようになった。それは蔵原の主張にも明らかである。


　我々に取って重要なのは、現実を我々の主観によって、歪めまた粉飾することではなくして、我々の主観―プロレタリアートの階級的主観―に相応するものを現実の中に発見することにあるのだ。


　彼自身はイデアリズムを主観的芸術と見て否定したが、真のリアリズムを主張する彼の、以上に引用した意見を、私たちはどのように捉えれば良いだろうか。

　悲観から希望へと方向が向けられた段階で、自分から離れた理想が語られ、リアリズムはイデアリズムに取り込まれ、私たちの前に現れるリアリズムは、共同体が確固たる地位を確立し、纏まっていくほどに、イデアリズムに規定されたリアリズムになっていったのだ。

世の中に悲観して、一人の人格に寄り添った自然主義的リアリズムは、ここで個人から離れたのである。組織が安定すればするほど、プロレタリア・リアリズムは、組織の総意になり、一人ひとりの人格や性格ではなく、フロムの言葉を借りれば、社会的性格がそこにとって代わる。よって、本来、社会からあぶり出されて孤独に陥った、一人の人間を慰め、救い出すためのリアリズムは、ここで反対に、組織の考える社会的なリアリズムに当てはまらない人を、締め出すものとして働くようになる。

事実、蔵原の論文の一年ほど前には、左翼芸術運動は分裂を引き起こしている。この状況が文芸作品に及ぼす影響と、リアリズムの変容とは全く無関係ではない。いわばイデーによって修正されたリアリズムが全面に現れるわけだが、これはもはや、それ以前の写実主義及び自然主義的文学の元から生まれたものでありながら、全く変容した代物となった。悲観から理想を求めようとする誘惑は、一人の人に寄り添うリアリズムを明らかに変えていった。

保田與重郎はプロレタリア文学を、文学史における文明開化の最後に位置づけたが、これは日本の文学史ではその通りかもしれないけれども、世界的にみれば、十九世紀の工業化と個人主義の台頭、それに伴うリアリズムの精神が、ここに至って瓦解したと見ることも可能である。人間が悲観から希望に転じ、理想を追い求めるという構造が背景に隠されていて、この運動は、全て一貫した流れだったのだ。従って、プルーストやジョイスが出てきて、日本でも一九三〇年代に、伊藤整や横光利一が言うように「新たなリアリズム」という考えが出てきたのであった。一つの物語の終焉が、ここには隠されていた。

十九世紀の悲観の中で生まれ出た、写実主義及び自然主義的文学が次第に変容して後に瓦解した事実は、理想をいくら追い求めようとしても、完全には達成できないという、人間が陥る、永遠の悲しきジレンマを映し出している。

文芸復興前史――「プロ文」時代から文芸復興へ

前篇

近年では、文学の話を巷で聞くことはほとんどなくなった。私などは平成生まれであるから、はなからほとんど聞いたことがない。今までの生涯で同世代の友人と文学の話をした記憶など、数えるほどしかないだろう。マスメディアでは、芥川賞や直木賞の受賞が決まる際に、芥川賞が純文学、直木賞が大衆小説を対象にしているとの形式的な紹介はなされる。が、ここで言われる純文学の定義をはっきりと説明したニュースを見ることは少ない。かく云うその道の専門家であったとしても、候補に挙がっている作品が、果たして純文学なのか大衆小説なのか、との判断ができないこともあるようだ。

状況を鑑みれば、現代において文学とは何かという問題は、簡単には解せない。一部の関係者によって、文学の死が語られる場合はあるが、それ以外の人間には、その問いすら意味をなさぬほど、文学という語の概念は浸透していない。二〇一七年発表されたノーベル文学賞の受賞者がボブ・ディランであったことも、混乱をますます強めている。大衆的な歌謡などの詩が文学であったとすれば、日本における純文学と大衆小説の区別などは、全く無意味なものになってしまう。私自身、果たして文学とは何か、という問題を考えざるを得ない。文学という言葉はあれど、概念は死んだか。

純文学とは何か、との問いは、明治が始まって以来、常に議論の対象となっている。『ボヴァリー夫人』や『戦争と平和』を通俗小説と言った人もいたし、私小説がその王道と見做される時代もあった。純文学畑の人間と見られていた、井伏鱒二や檀一雄が直木賞をとることもあれば、直木賞にノミネートされていた松本清張が、芥川賞を受賞したこともある。文学の概念は最初から曖昧だった。

では、日本における純文学とは何か、と問えば、それは「文壇」という言葉と緊密な関係がありそうである。明治期に始まった日本近代文学が尾崎紅葉を親方とする硯友社による文学結社に始まり、大宅壮一流に言えば、その後も師弟関係による、ギルドによって成り立ってきたからである。田山花袋や近松秋江のように、博文館という出版社に勤めてから、創作者になる者がいれば、評論や小説を書きながら出版社の経営に携わるような者もいる。このように「文壇」と言われる狭い世界の中で、日本近代文学は養われてきた。

けれども二十一世紀においては、状況が異なっている。「文壇」などはとっくに消え失せている。「文壇」なるものが、再構築されるとは私には到底思えない。しかし、近代文学の当初から「文壇」と純文学が、文学史の中で切っても切れない関係になっているのであれば、その崩壊や解体などと言われた時期のことを調べる価値はあるだろう。

○

日本近代文学史上、まず「文壇」に危機が訪れたのは、日本が一九二三年に関東大震災を経験し、その後に経済が不安定となった時期に当たる。それまでは大正デモクラシーなどと言われるほど、諸文化、芸術が隆盛を極めたが、大震災に前後してプロレタリア文学が勃興し、既成作家の勢いが失われた。昭和初年といえば、以上のような文学状況を表す語として、文学史の中では一つのテクニカルタームとなっている。そんな中、まさに文字通りの昭和初年、つまりたった一週間しかなかった昭和元年に、時代を象徴するような評論が、当時、新進の評論家であった大宅壮一によって発表されている。「文壇」の解体を、おそらく初めて本格的に論じた評論である。

評論「文壇ギルドの解体期」は、硯友社以来、徒弟と親方の関係性からなる徒弟制度によって育まれた文学者のギルドが、この数年で解体期を迎えているというもので、その原因として大宅は五つの原因を挙げている。

①「素人」の文壇侵入

②プロレタリア文芸運動の勃興
③文壇が末枝に拘泥、やたらに新しいものを求める傾向
④出版社の経営難や一般化
⑤文壇における企業熱の勃興

この評論は、芸術と社会の関係を一早く注目した論考で、その点では大変に画期的である。現代に置き換えてみても、まだ通用する普遍的なものだと私は考える。ここでは五つの事柄が挙げられているが、これは同時代的な現象であることからも明らかなように、全てが別個にあるようなものでなく、一つの連関の中にある。その根底にある最大の原因は、日本における経済の停滞であった。

日本は、第一次世界大戦によって債権国に転じ多くの成金を輩出したが、その急激な経済成長とは反対に、農業生産が停滞したことから格差が生まれていた。それに加え、工場労働者などの増加から米の消費量が増大し、米価が上がったために暴動（米騒動など）が増え、一九二〇年の株式市場暴落の際には、戦後恐慌が起こったのである。その後に関東大震災が起き、国は空前の危機に陥っていた。そのような時代であるから、何と言っても経済が第一に据えられる。

よって、大宅が挙げた④がこれらの根本原因であると考えられるだろう。出版社の経営が不

振に陥ったために、原稿料の高い既成作家は仕事を減らされ、その代わりとして、プロレタリア作家がその穴を埋めるということになった。プロレタリア作家は、先に挙げられた徒弟制度によって支えられた文壇の外にいる者であるから、文壇の側から見たら、彼らは素人同然といえる。この連関は大宅が指摘する通りである。

④と⑤は一見すると相対するものであるようにも見えるが、企業熱が上がるのは、経営が難しくなってきたことの何よりの証である。この現象は、広津和郎が書いた「昭和初年のインテリ作家」でも明らかにされている。不況のために、家賃の低い大森馬込村に引っ越した作家たちを描きながら、広津自身が企業熱の上がった出版社と果敢に戦う様子が描かれる。もし安定した収益を出して会社を経営できるならば、そこに熱が生まれるはずもない。大衆小説の流行や、その後の円本の成功とは、まさに経済的な停滞を象徴するものである。残った③については、この羅列の中では関連性がわかりにくいので、これは一先ず考えないことにする。

一連の経済上の流れでは、関東大震災が何か象徴的な災害に見えるかもしれない。確かに震災を機にして東京の街も一変し、永井荷風が『濹東綺譚』で書いたように、東京にいる人の様子も変化した。よって、これを境に物事を考えがちになる。しかし、恐慌はそれより以前から起きていることであり、従って、「文壇」の様相は震災より以前に変化していた。当時の状況に対し、高見順は興味深い言説を行っている。

大正文壇のいはば最後を飾る花袋秋声祝賀会のあつた大正九年に、偶然ではあらうが、日本社会主義同盟の結成が行われてゐる。祝賀会とは一月違ひの十二月に、神田基督教青年会館で創立大会が行はれた。当日の出席者は三百。花袋秋声祝賀会の出席者と、同数である。祝賀会と違ふのは警官五百の物々しい警戒裡に会が行われた。この我が国における社会主義運動史上、永久に消しがたい足跡をのこしてゐる日本社会主義同盟は、その年の夏以来、労働者団体、思想団体、学生団体等に所属してゐる人々及び社会主義的思想家、作家を網羅した発起人によって計画されたもので、創立大会当日の出席者は三百であったが、同盟加入の申込者は三千を数へた。

（『昭和文学盛衰記』）

大正九年は一九二〇年であるから、震災より三年前、祝賀会とは、花袋と秋声の生誕五十年を祝うためのものである。一つの偶然として、この時期に行われたと書かれているが、確かにあまりにも偶然過ぎるタイミングであった。何故ならば、この後、花袋は死に、秋声は一時的に身を潜めてしまうからである。二人は自然主義文学の代表者であった。両者とも一八七一年に生まれ、没落士族の家庭で育ち、同じ硯友社の流れを汲みながら、そこから冷遇された身でもある。一九〇三年に尾崎紅葉が死んだ後、二人は頭角を現し、花袋は『蒲団』で、そして秋声は『新所帯』などの作品で、自然主義作家としての地位を確実なものとした。反自然主義を打ち立てた漱石と、ほぼ同時期に第一線で活躍していることからみても、祝賀会が行われるまでの明治末期から大正期までにあたる十五年ほどの時代は、二人が牽引した自然主義文学、あるいは自然主義的私小説を書く人々の黄金時代と言っても過言ではない。

一方、祝賀会とほぼ同時期に行われた日本社会主義同盟の結成は、大逆事件以後活動を禁止されていた社会主義的な活動が再開される、メルクマールと考えられる事柄である。これ以後、社会主義、共産主義者の活動が活発化することになり、文学の中にも入り込んできて中心的な地位を獲得することになった。旧来の自然主義文学の退潮と、新進の左翼陣営、そして雑誌『文芸時代』に代表される新感覚派が競い合うことになり、数年の後、左翼陣営が勢いを延ばし、立場が完全に逆転するという現象が起こった。

一九二七年がその逆転を表す象徴的な年と考えられている。金融恐慌により、景気がどん底まで落ち込み、宇野浩二は気が狂い、芥川龍之介が自殺した。そして、その後の文芸復興を象徴する年として、一九三三年という年も良く知られた年である。この年の早くに小林多喜二が官憲の拷問によって虐殺され、日本は国際連盟を脱退し、左翼からの転向者が現れ、沈黙していた既成作家である宇野浩二が「枯木のある風景」で、徳田秋声が「町の踊り場」で華麗なる復活を見せ、プロ文全盛の時代にも書き続けていた谷崎潤一郎は『春琴抄』を発表している。若手も台頭してきて、戦争が激しくなるまでは、再びプロ文以外の作家たちが作品を発表した。

よく知られた二つの年であるが、高見が指摘した一九二〇年という年も、一連の流れの前史、あるいは端緒として象徴的な一年である。三月には戦後恐慌が起こり、市川房枝らの新婦人協会が発足、五月には上野公園で初のメーデーが行われる。後のプロ文時代に中条百合子、窪川稲子、平林たい子など傑出した女流作家が生まれてくるが、これも一連の流れの中で複合的に現れたと言って良い。

実際、この年を境にして早速、文芸の世界にも、後に名を知られるようになる左翼的な雑誌や同人誌などが刊行されることとなる。その最初となるのが、秋田県の土崎（現在の秋田市北部）で発刊された『種蒔く人』であった。この雑誌は第一次世界大戦後、フランスの作家アンリ・バルビュスが行った反戦・平和を謳ったクラルテ運動（クラルテは光明の意）に参加した小牧近江を中心に結成された。バルビュスの行った運動自体は、戦争に端を発したものに相違ないが、日本においては、第一次世界大戦で荒廃したヨーロッパ諸国とは状況が異なったために、反戦・平和を掲げているものの、どちらかと言えば、無産階級の解放という意味合いの方が大きい。それは当時の日本政府を見ても明らかなことで、日本人は国内での被差別階級の解放運動もさることながら、東洋人として人種的差別の撤廃を訴え、大戦後のパリ講和会議の国際連盟委員会においては、日本は自ら人種差別撤廃を提案している。

『種蒔く人』の主要な発起人は小牧近江ほか今野賢三、金子洋文ら土崎出身の若者で、共に一八九二年、あるいは一九九三年生まれ、年齢も二〇代という若さであった。東京版が出来た際は、そこに青野季吉や平林初之輔などの理論家が参加することになる。二人は数多くの文学者を輩出した早稲田大学英文科の出身で、ここに初期プロレタリア運動の理論が作られるようになった。思想運動の場合、そこに理論がなければ、内容が空虚なものになり人々のまとまりが無くなってしまうため、『種蒔く人』の存在なくしては、あれほどまでの猛省を振るったプロレタリア文学運動は存在しなかったであろう。

一九二〇年から始まった諸々の運動は、第一次世界大戦後のヨーロッパの影響が強く見られており、その中でも西欧の思想が移入されていることが多くなっているのは明らかである。その中で、先程みたバルビュスのクラルテ運動は、さらなる理性的な判断を促すものであったが、それとは反対に、理性あるいは合理的な判断が、もはや限界に達しているのだと考えるような人々もいた。思想の世界では第一次世界大戦以後、その流れは顕著になってくる。何しろ哲学や思想が盛んであったドイツが、戦争を引き起こしたのだ。そこで前世紀からの伝統や因習に反発するアヴァンギャルド芸術が猛威を振るう。まさに自らが前衛であり、尖端であるという意識を明確に打ち出し、そのような者たちの中からダダイズム、抽象主義、そしてシュルレアリスムなどの傾向をもった、芸術家が現れるようになった。

西欧から流れてきた思想は、二〇代の若者たちを刺激し、日本においても前衛的な芸術家が現れ、文学の世界では関東大震災前の一九二三年一月、萩原恭次郎、岡本潤、川崎長太郎、壺井繁治などの手によって、詩誌『赤と黒』が創刊される。創刊号には次のような宣言が掲げられた。

詩とは？　詩人とは？　我々は過去の一切の概念を放棄して、大胆に宣言する！「詩とは爆弾である！　詩人とは牢獄の固き壁と扉とに爆弾を投ずる黒き犯人である。」

彼らはアナーキーな思想を持っていたが、思想は海外の前衛芸術に比べれば大きな意味をなさないかもしれない。けれども、彼らが詩壇に新たなる風を吹き入れたのは事実で、逸早く西洋のアヴァンギャルドの概念を取り入れ、後の村山知義の『マヴォ』に連なる端緒を作ったわけであるから、これは見逃せないものである。

さて、ここまでヨーロッパから移入された第一次世界大戦後の理性、そして反理性の、異なる立場を持った背景から創刊された、『種蒔く人』と『赤と黒』について話したが、実は両者には思いもかけぬような共通点が存在するのである。それは白樺派の文化人であった。『種蒔く人』の創刊に関わった小牧近江はパリで武者小路実篤の「或青年の夢」を読んで感銘を受け、金子洋文は実篤の家に寄寓していたこともある歴とした弟子である。このような関係から、武者小路実篤と有島武郎は雑誌に金銭の援助をしている。しかしながら、これを金持ちが貧乏人にお金を施したと考えてはなるまい。小牧近江がパリに留学していることからも明らかなように、創刊に関わった小牧近江、畠山松治郎、そして近江の叔父にあたる近江谷友治は、東京の暁星中学の同窓である。生れは秋田であるが、金子洋文は別として、彼らはどちらかと言えばブルジョワ階級の出身者だったのだ。だからこの資金援助は、確かに貧農などへの同情から行われていることは間違いないが、雑誌の同人に対する立場は、同情というよりはむしろ共鳴といったものに近いようである。

『赤と黒』も岡本潤と壺井繁治は大学を出ているし、萩原恭次郎と川崎長太郎も中学に入っている（川崎は小田原中学校中退）。川崎長太郎などは魚屋の長男だが、こちらも労働者階級を代表しているとは言えない。西洋のアヴァンギャルド芸術に比べれば、『赤と黒』は世代間闘争のようなもので、若者が自分たちの立場を確立しようとする一種の煩悶といえばそれまでだとも言える。ここでも白樺派の文化人は一度の訪問を受けただけで、金銭を援助している。有島武郎は自分の家に訪問して来たまだ二十代前半の彼らに、現金五十円と、白樺派とかかわりの深いイギリス人陶芸家である、バーナード・リーチの銅版画を渡して柳宗悦を紹介し、『赤と黒』の同人たちはそれを柳に売りつけた。白樺派の見事な連携により、雑誌としての体裁を持った詩集を、彼らは創刊することができたのである。

プロレタリアの芸術が盛んな時代について、私たちはすぐにプロレタリアとブルジョワの対立構造を描きがちだが、実は問題はもっと複雑な様相を呈している。本格的にプロレタリアートが運動に参加するのは、これより後の時期である。どのような活動をするにしても、初期には資本が必要になってくる。もし、本当にプロレタリアだけの力で運動を起こそうとすれば、金銭の獲得が上手くいかないため、すぐに運動は衰退してしまうだろう。白樺派のように本当に金を持った大ブルジョワは、プロレタリア側につき、秘かに金銭を援助していたのである。

これはプロレタリアの活動において良くある。先に出した二つの例は、草創期のプロレタリア運動における、大ブルジョワの下層民への同情を示す典型的な例といえる。大ブルジョワはプロレタリアに対する同情、あるいは宮沢賢治のように自分の立場に罪の意識をもって、プロレタリアートとの密接な関係を作ろうとする。きっかけは大ブルジョワ側にあり、後に一種の共謀関係ができ上がる。

経済が停滞すると、人々の余裕が無くなり芸術の多様性もなくなっていくわけだが、さらに大ブルジョワとプロレタリアートの接近、また出版社が稿料の安いプロレタリア作家を使うことによって、芸術の幅が狭くなっていく。はじき出された既成作家は発表する場所を失い、その影に身を隠さねばならなくなるのだ。

プロレタリアートは自らの理想を持ち、大ブルジョワもまた理想を持っている。白樺派がその典型といえるだろう。彼らは一括りにまとめて理想派といっても良いほどである。プロレタリア文学の中には、実際の経験を基にした自然主義的リアリズムの手法を用いる作家も存在するが、蔵原惟人の主張するプロレタリア・リヤリズムは、階級的観点によって、社会に対する理想を導き出そうとする。このような理想に向かう目は、それ以前の宮地嘉六などによる労働文学とは質を異にする。一方白樺派もまた、芥川龍之介や菊池寛などによって、理想的過ぎるとしばしば指摘されていたのである。プロレタリア文学勃興の背景には、理想へ向かう道程がはっきりと見受けられる。それは大ブルジョワ出身のインテリゲンチャの理想から開始され、次第に労働者階級へと広がっていった。

後篇

関東大震災以降、反動期となって一時衰退するものの、後にはさらにプロレタリア文学の勢いは増していった。発表された小説や評論、エッセイの数だけで見れば、その最盛期は一九二六年から一九三〇年までということになるが、その前の段階において、主要な左翼系の組織が作られている。大震災後『種蒔く人』が廃刊になり、その中の多くのメンバーが引き継いで作られた『文芸戦線』が一九二四年に、さらにいくつかの組織の合同という形をもって「日本プロレタリア文芸連盟」（プロ連）、それが発展し翌年には「日本プロレタリア芸術連盟」（プロ芸）が組織化される運びとなった。母体が築かれた上で、一九二六年からの爆発的な作品数への足がかりが作られた。

勢いが増してきたところに、先程も述べたように宇野浩二に異変が生じ、さらには芥川龍之介が自殺をした。既成作家は追い込まれ、発表する場が少なくなっていたのは、紛れもない事実といえるが、芥川はその中でも最も仕事を持っている方で、亡くなった月にも『中央公論』に「冬と手紙と」、『改造』に「三つの窓」を発表している。彼の自殺はあまりに複雑な要因が垣間見えるので、一つの象徴に過ぎないのであるけれども、プロレタリア文学に対する一抹の不安はどこかにあったかもしれない。芥川は亡くなる数日前に、窪川鶴次郎、稲子夫妻に会って、プロレタリア文学運動に関して問うてもいる。

確かにプロレタリア文学は猛威を奮っていた。とはいえ、その運動自体が順風満帆であったわけではない。実は一九二七年辺りに絶頂をむかえた左翼陣営であったが、芥川が無くなる直前から内部分裂が起きていた。最も早くに組織化された『文芸戦線』を糾弾する、プロレタリア文学の理論家が現れたのである。


本年二月社会主義文芸及び社会主義文芸運動に関する魯鈍極まるテーゼを発表してその小市民性と反動性とを遺憾なく曝露した雑誌文芸戦線が、わが国プロレタリヤ芸術のその後の進展に迫られて、テーゼの修正、相互批判欄の設置等による一切の弥縫策を講じてひたすら運動に追随し、自らの立場を正当化するべく努めて来たことはあまねく知れ渡って居る所である。だがかかる弥縫策によってその面上にプロレタリヤのお白粉を塗りたてることこそ、彼の全行動の本質を、彼が今なおかの反動的テーゼの上に、該テーゼと同一の哲学的基礎の上に立つものであることを、明示するものでなけらばならない。……

裏切者は我らに取って敵よりも悪むべきである。かくて彼を克服する道は、ただ一つ彼を克服する道は、ただ一つ彼を攻撃し、破壊し、鏖殺することにある。

雑誌文芸戦線は階級を裏切った。

我等は彼らを滅ぼすであろう。

一九二七年六月十日　（「雑誌『文芸戦線』を撲滅する」『プロレタリヤ芸術』）

組織が大きくなり過ぎ、分裂する例は良くある。ことに目的意識が強く、何かを達成させようとする希望が大きい時、双方に行き違いが生まれ仲違いをする。それは既成の組織よりも、新興の組織に起こりやすい。人間は何かを始める時は、じっくり話し合ったり考えたりするよりも、自らの意志によって、ひたすらに突き進むことが多いだろう。そうなると、言うことを聞かないやつは抹殺しようというような過激な発想もまた生まれてくる。乗りに乗っているから今がその機会だと考え、それで分裂を引き起こすのである。これは明らかに組織自体を自分の欲望と同一視して、極度のエゴイズムに陥り、本末転倒する事例といえる。

翌一九二八年、肥大しすぎたと政府に考えられた左翼運動に、ついに鎮圧が行われることになった。二月、日本共産党中央機関紙『赤旗』が出されると、三月十五日に、かの有名な共産党員の一斉検挙（三・一五事件）が起こった。千六百人余りが検挙されて、四百八十八人が起訴されるわけだから、それがどれほど大きなものだったかが推測される。そしてそれから十日後に「日本プロレタリア芸術連盟」（プロ芸）と、蔵原惟人のいた「前衛芸術家同盟」（前芸）が合同し、「全日本無産者芸術連盟」（ナップ）が誕生した。蔵原は理論的な支柱となった。機関誌は『戦旗』で、ここに「戦旗派」と「文戦派」の分裂がはっきりと始まったことになる。後には小林多喜二や徳永直を擁した「戦旗派」が覇権を握ることになっていった。

三・一五事件はその点、組織の土台を崩すことには一躍買った。翌年も文芸における左翼陣営の衰えを見ることはできないが、その崩壊の最初の一撃になったとは言える。一九二七年がプロレタリア文芸の、既成文芸に対する勝利を象徴するという年だと言ったが、その頂点に達したすぐ後に、崩壊の前触れが起きていたということになる。

そしてその崩壊の前触れを表すものとして、もう一つ根拠となるのが、プロレタリア文芸以外の文学界の動向である。他の作家や新人も、発表する場を失っているのだから、プロ文の活躍だけに黙っているだけの作家たちではなかった。こちらも既成作家というよりは新興の作家たちによって、対抗馬が組まれる。それをまとめ上げたのが、中村武羅夫であった。中村は『新潮』の編集者で、自らも大衆小説の書き手であったが、それだけに留まらず先頭に立って日本の純文学を引っ張っていこうとした。これまでにも川端康成や横光利一などを擁する、文藝春秋同人が中心の『文芸時代』が存在した。しかし、文芸復興前史の枠で見るならば、中村の働きは極めて大きい。中村はその端緒として、一九二五年にはプロレタリア文学と、菊池寛率いる『文藝春秋』に対抗し、雑誌『不同調』を刊行する。派手な作家を掲載することはあまりなかったが、それでもプロレタリア作家ではなく、新進の作家たちを多く起用した。中村はさらに、一九二八年三月、左翼陣営が分裂したことに乗じて、これを絶好の機と見做し、『新潮』に「誰だ?花園を荒らすものは!」という痛烈な批判文を発表した。

文芸の対象は、人間であり、人生であり、社会である。しかも、それを抽象的に取扱うところには文芸などあり得るはずはなく、それを具象的に取扱うところに、初めて作品があり、芸術があるのだ。マルクスの学説は、あくまで社会科学であり、哲学であって、その学説を実際行動の上に移すことは、勿論可能であっても、それを芸術に結び附けることには、いろいろの無理と不自然とがある。

と主張し、芸術としての文芸を守り抜こうとした。大切なのは主義や主張ではなく、個性である。その様々ある美しい花に文句をいって、摘み取ろうとし、赤い花ばかりつけて花園を汚そうとしている、と強烈な批判を浴びせかけた。この論文は評判になり、後に芸術派と呼ばれるような人々が集合するようになる。

時期を見ても、この論文の発表時期は最も適切であったと言える。というのも、一九三三年までの文芸復興前史の中で、なんとかプロレタリア文学の勢いに抵抗する程の実力を持った新人が、同じ時期に生まれたからである。その一人は、中村武羅夫が気に入り、自らの雑誌『不同調』の手伝いをさせていた嘉村礒多である。嘉村は私小説家葛西善蔵の口述筆記をしたことで知られているが、自らも一九二八年一月号の『不同調』に「業苦」なる処女作を掲載し、それが宇野浩二の目にとまって、注目される存在となった。翌年、葛西が死んでからは、寡作ながらも著作を残していき、一昔前の自然主義的私小説を書きながら、既成文学の残り火を守り抜いたのである。

そしてもう一人が龍胆寺雄であった。龍胆寺は一九二八年、『改造』の懸賞小説に「放浪時代」という作品が当選し、次々に佳作を発表していく。それから瞬く間に、新興芸術派を引っ張っていくような作家へと成長した。

嘉村儀多が一九三三年に死に、龍胆寺雄が一九三四年に「M子への遺書」で文壇の腐敗を攻撃してから勢いが衰えたことから見ても、文芸復興の前段階に、二人が果たした役割というのは無視できないだろう。そのような新人が現れた時に、話題となる評論を発表する中村武羅夫の大衆作家、または文芸編集者としての先見の明には目を見張るものがある。『不同調』は規模の大きさや注目度では、到底『文藝春秋』に優るようなものではなかったが、文芸復興の基礎となるような作家たちを生み出したということには、大きな意義があった。

翌年には『近代生活』が創刊され、そこに書いた作家たちを中心に「十三人倶楽部」を結成、一九三〇年には反プロレタリア文学作家の大同団結である、「新興芸術派倶楽部」が結成された。新興芸術派の動きと左翼陣営の動きが、ものの見事に反比例していることに気が付かされる。雑誌『近代生活』の活躍、ひいては中村武羅夫の活躍なくしては、一九三三年から本格的に始まることになる文芸復興は、違った形態をとっていたに違いない。

文芸復興の機運が高まってきたわけだが、そもそも文芸復興とは何か。復興と言っているわけであるから、それはかつての良い時代を取り戻そうということになる。プロレタリア文学運動より以前の文学、さらには大衆小説が流行るより前の純文学を、復活させようという試みもあるかもしれない。文芸復興は、元々ルネサンスを和訳したものだから、そこに過去への郷愁があるのは疑い得ない。しかし、かつてと同じ状態に戻るわけでは決してない。新たなる飛躍があり、次の段階へと移行するのである。過去への郷愁は新しいものを生み出す契機となる。

ルネサンスには外的な働きと内的な働きが存在し、それらが合致する時に、大きなうねりとなって現れてくるのである。外的な働きとは経済や社会の問題がそれにあたる。そして内的な働きとは人間である。経済が停滞し、人間の生死が危ぶまれるような状況の時、人はそこに危機を脱出する術を見出そうとする。イタリア・ルネサンスにしても、十四世紀の前半は凶作や飢饉の影響から経済状況が悪化し、そこに一三四八年のペストの大流行がある。人間はひどい状態に陥ると、良かった頃のことを思い出し、懐かしい思いを抱くようである。例えば私自身、二日酔いになれば「なんで酒などというものがあるのだろう」と、酒を飲まなかった幼少期を懐かしみ、写真に写った自分の肥満体を見た際には、十年前の痩せている時の写真を引っ張り出して、それを眺めるのである。そして自分と同じ思いをしたであろう、先人の小説を読んで慰められ、また新たなる時を生きようとする。これもまた一個人の再生である。

草創期のイタリア・ルネサンス運動を率いた、フランチェスコ・ペトラルカもまた同様であった。彼の場合は、ペストで身内や息子までも無くしたこともあり、それが現代への批判へと繋がって、自らを育んできた中世社会を暗黒時代であると見做した。個人的な不幸は、時にその時代の社会への反発へと連なるものとなる。一九三三年から始まる文芸復興も、経済の停滞と芸術が蔑ろにされているという意識から生まれた。主導的役割を果たした作家たちは、プロレタリア文学時代に自らが隅に追いやられたことから、それを暗黒時代と見做した。彼らは文芸復興運動の内的な働きとなって、それを支えるわけである。

一九二七年から準備された外的な働きと、それに伴う内的な働きが高まり、一九三三年に本格的な文芸復興が始まる。大きな外的な働きとしては、政府による左翼運動の弾圧があった。当時最も影響力を誇っていた小林多喜二がその年の二月、特高により殺され、プロレタリア雑誌の発禁が続けざまに行われる。六月には長らく獄中にいた、共産党の指導者である佐野学と鍋山貞親が『共同被告同志に告ぐる書』を発表。その後続々と転向者を出した。文学者も例外ではなく、続々と追従者が現れる。翻って既成文壇側は、宇野浩二が「枯れ木のある風景」で、徳田秋声が「町の踊り場」で象徴的な復帰作を記して、自分たちより若い小林秀雄や川端康成などによって高い評価を受けていた。ここまでの流れは、政府の左翼運動弾圧から必然的に導き出された、いわば外的な働きによる一つの帰結である。

そして、この現象に自ら意味を与えて文芸復興とし、積極的、能動的に新たなる革新運動を推進しようとした者もいた。文芸復興という言葉を生み出し、後に北杜夫、佐藤愛子、中上健次などを輩出した、保高徳蔵主宰の『文芸首都』は、その流れを見る上での一つの鍵といえる。保高徳蔵は、すでに大家になりつつあった宇野浩二の大阪時代からの親友で、共に早稲田大学の英文科を出て創作活動に励んでいた。ところが自らは創作者としての野心を半ば捨て、新人育成を主眼に一九三三年一月同人『文芸首都』を始めた。そこに張赫宙や金史良など、後に活躍することになる朝鮮人作家の作品を多く掲載する。

なぜこの事実が重要かといえば、保田與重郎がプロレタリア文学を、文学史における文明開化の最後と考えたように、その転換点を具体的に示しているからである。要するに、今まで日本の近代文学は、文明開化の一端として様々な西洋の文学運動を移入してきたわけだが、ここに至り、それが初めて朝鮮や満州などの新天地にも日本の文学が移入された。新しい時代への転換をはっきりと示し、プロレタリア文学運動に収束された大正までの文学から、新たな地平を導き出そうという運動が起きた。そこに内的な働きとして、日本の近代文学を見つめ直す理論家が現れ始めたのである。

日本の近代文学とは何であったかと考えると、まず坪内逍遥と二葉亭四迷の貢献が考えられる。彼らは写実主義の重要性を説いた。この考えが、いわば近代文学の最も古い古典になっている。そうなると、まず写実主義とは何かという問題が、立ち上がる。実は文芸復興とは、その理論的な革新において、リアリズムの再考が挙げられるのである。旧式のリアリズム（自然主義的リアリズム）への反発は、すでに一九二四年に『文芸時代』にも現れているが、それが明確な形で論じられてくるのは十年近く後のことだった。

奇しくも海外においてもリアリズムが問題となっていた。人間の生活を写実的に書こうとする時、それが果たして真のリアリズムになるのか。主人公に自らの心境を吐露させたとしても、それだけが果たして人間の真実なのであろうか。それよりも夢などの方がもっと真実に近いのではないだろうか。二十世紀になり、フロイトの精神分析が注目され、そこに人間の無意識や夢などの深層心理の重要性が認識されることとなる。これは第一次世界大戦後の合理主義の解体とも絡んで、大きなうねりとなり、既成の考え方を克服しようとした。芸術の世界で革新を手助けしたのは、第一次世界大戦で神経科医学生として従軍した、フランスの作家アンドレ・ブルトンであった。彼は一九二四年に『シュルレアリスム宣言』を発表する。この宣言の中で、夢や狂気に大きな意味を見出そうとしたのである。

日本でもこの書は、文芸復興の時期に「エスプリ・ヌーボー（新精神）」としてポール・ヴァレリー、アンドレ・ジッドなどと共に紹介された。そんな中、海外からもたらされた理論を、日本の場合に当てはめ、新たなる文学の新時代を切り拓こうする理論家が生まれた。彼らは今までの自然主義的なリアリズム、プロレタリア・リアリズムを凌駕した、新たなるリアリズムを考察しようとしたのである。言ってみれば、逍遥が示した心理的写実主義の意味を再考しようと試みた。それは『文芸時代』からの意志を引き継いだ形ではあるが、さらに西洋の新小説の概念がとり入れられ、復興の準備を整えたのである。文芸復興と呼ばれるルネサンスは、西洋の場合は基本的にはギリシャ・ラテンの復興だが、どれをとっても、時間的あるいは場所的に異なる世界、あるいは新しい考え方からの刺激があった。十二世紀ルネサンスには、イスラム世界からの新しい知識があり、アメリカ・ルネサンスには少なからずルソーの影響があり、エマーソンなどにはプロティノスなどの古典神秘思想の影響があったということになる。

すでに創作活動を行い、英米文化の紹介をしていた伊藤整は、今まで日本の近代文学を席巻してきた自然主義的な作品に敬意を表していた。自然主義的な私小説の中でも、私が考えるところの暴露的、自虐的私小説家である岩野泡鳴、近松秋江、葛西善蔵なども好んで読んでいたが、新しい小説を書きたいという希求もあってか、それに合う理論を構築しようとした。

伊藤は英米文学を得意とし、それの翻訳に努めたが、彼が活動した時代は運よくも英語で著作した大作家、プルーストとジョイスが現れていた時であった。一九二二年、プルーストは『失われた時をもとめて』の完成間近に倒れ、ジョイスは同年、大作『ユリシーズ』を完成させていた。どちらも人間の内面をどう表現するかということに主眼を置いた。十九世紀後半には、心理学がヨーロッパの各国内でさかんに行われ、成果が芸術にも応用されるようになり、新たな内面のリアリティーを獲得するに至るのである。その中でW・ジェイムズによって提唱された「意識の流れ」が注目された。彼によれば、人間の意識は絶えず変化しているが、そのような状態にあってもそこに一つの人格的な意識が存在する。だからジョイスなどは、人間に生起する心象や記憶をそっくりそのまま記述して、主人公の骨格を形づくっていこうとしたのである。

その技法に感銘を受けた伊藤は一九三一年、自らの編集で『新文学研究』なる雑誌を刊行し、そこで二十世紀のヨーロッパに現れた新文学の紹介をした。そして二年後の一九三三年三月、小林多喜二が虐殺された翌月に、それらをまとめて論じた『新心理主義文学』を発表する。

> いな、逆に小説家が今日このような作品を書いて登場しなければならなかったのは、読者のそれとは別個の理由をもってである。彼に迫っているのは、新しいリアリズムの精神、即物の精神である。批評家の中には、ジョイスの仕事を新しい自然主義であると見ているものがあるけれども、まさにそれは現象模写への極度な信頼であり、反理想主義の甚だしいものである。
>
> （『新心理主義文学』傍点筆者）

この抜き出し箇所からもわかる通り、伊藤は自然主義的な作風を持つ作家を好みながらも、ジョイスなどの新小説を、従来の自然主義作家と同一視する反理想主義者に苦言を呈している。これから行おうとすることは、彼にとっては何の疑いもなく新しいものであり、日本近代文学に流れる自然主義と反自然主義を超えようとする試みであった。それを達成するため、理論を構築したのである。すでに短編創作集を出していた伊藤であったが、彼がこの時期に注目されたのは新進気鋭の評論家としてである。新感覚派にまとめられる作家は、川端康成など一つ上の世代であったから、なんとか這い上がっていきたかったであろう。が、『新心理主義文学』をまとめている時、彼はすでに先輩作家に先を越されてしまったと考えていた。未来への希望もありながら、焦りもあったかもしれない。その先輩作家とは、大正年間からすでに新進の作家として注目され、評論活動も度々行っていた横光利一であった。伊藤はこの時の心情を次のように書いている。

私は牛込の電車道を歩きながら買つたばかりの雑誌で『機械』を読み出した時、息が詰まるような強い印象を受けた。…あの新感覚派流の印象を跳ね跳びながら追ふ『上海』までの手法を突然やめ、柔軟な、谷川徹三の所謂『唐草模様』的な連想方法を使ひ、文体も切れ目なく続いて改行のほとんどない、活字のぎつしりつまつた形になつてゐた。堀も私もやらうとしてまだ力がたりなかつたうちに、この強引な先輩作家は、少なくとも日本文で可能な型を作つてしまつた、といふ感じであつた。文壇は驚き、傑作だといふ評価が行はれ、川端康成と小林秀雄は興奮した批評を書いた。しかしそれが『詩と詩論』が二年前から執拗に紹介してゐたフランスやイギリスの新文学の影響を受けてゐるとする批評は、不思議なくらゐ見られなかつた。

（『新興芸術派と新心理主義文学』）

伊藤は興奮した気持ちと先を越された無念の中で、横光が『機械』を書いた翌年に、新たな文学とはどういうものかということを示すため、自らが専門である英米文学の中から新しい傾向を持った作家を論じた。確かに伊藤が言うように横光は、明らかにヨーロッパの、特にフランスの新小説の影響を受けている。その手がかりになるのが、ここにも引用されている『詩と詩論』である。

『詩と詩論』とは、三好達治、安西冬衛、上田俊雄などが同人になっており、先年までのダダイズムやアナーキズム、さらにはマルキシズムの雰囲気を纏った詩の運動とは異なり、新たに芸術至上主義的な詩運動を展開した雑誌であった。一九三一年から刊行され、そこに先述したブルトンの『シュルレアリスム宣言』が掲載されることになる。雑誌の寄稿者の中にはやや年長にあたる横光利一の名がある。彼はそれなりの文壇的地位を保ちながらも、自らが身を置く場所を考え、新たなものを希求しようとしていた。何故ならば彼は、今まで文学の世界を席巻して来た、プロレタリア文学はもちろんのこと、それ以前の自然主義的な作風の作品に対しても強い反発心を持っていたからだった。その点は、先述した伊藤整の場合とは異なるところである。

横光は今まで純文学的と考えられてきた種々の形式に囚われないで、新たな概念で勝負しようと考えた。そこで彼はアンドレ・ジッドが用いた純粋小説という用語を使い、独自の考えを評論に書き記す。横光によれば純粋小説とは、純文学にして通俗小説である。大正年間から流行り出していた通俗小説と純文学の融合を考えたのだ。そこにのみ文芸復興の可能性を見出していた。

けれども、それはともかく、浪曼主義である以上は、何らかの意味に於ける旧リアリズムへの反抗であり、新しいリアリズムの創造であるべきはずだ。
（『純粋小説論』傍点筆者付加）

新しいリアリズムを見出そうとした点は、伊藤と同様である。彼らは共に異なる視野で、似たようなものを目指そうとした。異なる立場から同じような考えを持つようになるということは、先年のプロレタリア運動によって、明治以降、群雄割拠の体を成していた近代文学史が、一つのまとまりを見せるようになったことを意味している。文明開化期に欧米列強の様々な文化が押し寄せ、それを吸収し、今度はそこから解き放たれて、新たな世界を切り拓こうとしていた。文芸復興とはその転換点に位置する。そして太平洋戦争以前の文学界で、最後にドイツ以外の西洋から、大きな概念を移入したのが伊藤や横光であった（後にドイツの影響が強くなる。日本浪漫派はその代表といえる）。国家も、いよいよ欧米と戦う準備が出来つつあるところである。左翼陣営の排除は象徴的な事件で、それによって国家は戦争への道を歩むことになった。

文芸上の復興といえども、それは単なる回帰ではない。イタリア・ルネサンスでも中世と近代との橋渡しができたように、それは新たな道へと連なっている。伊藤や横光以外にも、様々な方面から復興の機運が高まったが、彼らの働きは無視できないものである。伊藤も横光も、文学史を見つめ直した上で、新たなる概念を導き出そうとした。それが日本においては、自然主義派によって築かれ、プロレタリア陣営の社会的理想の前に打ち破れた、旧式のリアリズムの克服であったのだ。両者は『文芸時代』から引き継がれた新しいリアリズムを主張し、その起爆剤を西洋の新小説に求め、理論を打ち立てた。ここに昭和文学は新たな豊潤さを見せ、一時的に多様性を回復するに至る。奇しくも、世の中も社会的な理想に燃える人々の運動は消え失せ、戦争という名の現実を受け入れなければならないような状況になっていった。

○

以上見てきたように、死にかけていた文学は、新たな理論家の出現によって何とか生命を維持した。経済不況の中で混乱していた世の中からプロレタリア文学の指導者が生まれ、今度は「プロ文」運動によって芽を摘まれそうになった者たちの中から、文芸の新時代を造り出そうとする理論家が現れた。新たなものを創造する時には、必ず言葉を必要とする。創造とはつまり、カオスの状態に、言葉を用いて秩序を与えるということである。経済の停滞や大震災などの混乱から、叫び声を上げた者たちによって、文学は何とか命脈を保つことが出来た。左翼陣営からの転向や、既成作家の復活という事柄に加え、新たな時代を拓こうとする積極的な運動が、いわゆる文芸復興を支えることとなったのだ。

そして一九三三年以降、都市部には同人雑誌が雨後の筍のように出現し始め、一九三三年秋から一九三四年にかけて『文學界』『文藝』『行動』が創刊され、文学にとって新たな時代の幕開けとなっていった。

雑誌『風景』について――文学とマス・メディア

今では『風景』という雑誌を御存じの方も、あまりいらっしゃらないのではないだろうか。かく云う私自身、平成生まれであるから、リアルタイムでこの雑誌を眺めたことはないし、直接的にその頃のことを知っているわけでもない。しかしながら、様々な作家の年譜を見ている中で、『風景』なる雑誌の文字を目にし、小説など貪り読むようになってから比較的早い時期に、気になる存在の雑誌になっていた。

当時を知っている諸先輩方に話を伺うと、無料で文学を知ることができたので、『風景』はとても勉強になったとおっしゃる方が多い。たまに安酒を飲む仲間である、六十歳を超えるHさんは、中学生から高校生にかけての時分、紀伊國屋書店の入り口付近に、ふうわりと積まれた『風景』と、紀伊國屋書店社長の田辺茂一が集めた精鋭美女店員を目当てに書店へと行き、そこで官能的な大人の雰囲気を楽しんだという。Hさんに言わせれば、『風景』は背伸びをしたい年頃の若者にとって、その香りを求めるための、文化的情操教育の役割を果たしていたということであった。まるでそんなものとは馴染みのない、ゆとり世代の私にとり、このような雑誌に巡り合えなかったのは大変残念なことである。

ところが、一年ほど前、ひょんなことからこの雑誌、『風景』を手元に置くことができた。数日のうちに流しながら読んだのだが、これが実に面白く、しかも文学的なこともさることながら、文学史的にも大変に興味深いものであるゆえ、いつか『風景』について書きたいと思っていた。今回その機会を得たので、一部の人々の間に未だに深い記憶を残す雑誌『風景』の意義について、少し考えてみた次第である。

『風景』は、一九六〇年十月の創刊号から一九七六年四月の第一八七号までの足かけ十七年に渡る期間、毎月発行されていた。雑誌は中心的役割を担っていた舟橋聖一の死によって、惜しまれつつ終わりを迎えることになるまで、数多くの書き手によって育まれてきた。発行期間だけみても、またこれが大変に興味深い。一九六〇年といえば、高度経済成長期の初期段階にあたり、それとは裏腹に同年六月には新安保を阻止するデモが各地で起こり、東大生の樺美智子が亡くなって、雑誌の創刊された十月には、右翼少年の山口二矢が社会党委員長の浅沼稲次郎を刺殺するという事件が起きている。高度成長の中、その一方で政治的な矛盾が噴き出ていた時分にこの雑誌は発刊され、高度経済成長が完全に下火となった数年後に終わりを迎えたのである。一九七六年前後は、経済成長後に浮彫となった、公害問題が各地で明るみに出た時代に当たる。

いわば日本が高度資本主義経済の道を歩んでいるその時期に、雑誌『風景』は、文学の意義を指し示したといえる。十九世紀から言われてきたことだが、高度の資本主義経済は、文化や芸術の独立を危うくするものである。それらは商品として流通するものになり、多数の消費者によって必要とされ、需要に応えるものが残るような構造を辿っていくようになる。その理論に従えば、一九五〇年代後半から始まる成長の過程は、文学をはじめとする諸芸術にとっては危機的な状況といってもよい。現に戦争の前後にあれほど隆盛を極めていた同人雑誌が、もはや持続困難になっていたことも、その遠因といえるだろう。規模の小さい同人雑誌や、地味な作家は、次第に蚊帳の外に追い出されてしまうことになっていた。

○文壇は崩壊したか、否か

いわゆる文壇においても、一九五〇年代後半、資本主義経済に伴うジャーナリズムの文学への介入に対して、危機感をもった文学史家たちが数多くいた。その中でも、特に注目を集めた論考は、十返肇によって記された「『文壇』崩壊論」である。

こうして徐々として崩壊の過程をたどってきた文壇の完全崩壊を、今年とくに私に強く痛感せしめたのは、いうまでもなく石原慎太郎を先頭とする一聯の若い作家の社会的登場のあり方だった。

芥川賞受賞以来の石原氏のジャーナリズムにおける扱われ方は、これまでの新作家にみないもので、ここに至って「文壇的」評価などは完全に黙殺された観があった。それは、ちょうど映画批評家がどんなに大根よばわりしようとも、映画会社が売り出そうと思うスターは、なんとしてでも売り出す宣伝戦をおもわせるものであった。意識的に一人のスターを売り出す、あるいは売りものにしようとするジャーナリズムの商業主義の完全な勝利であった。

しかも敗戦直後には、さきに述べたように、ジャーナリズムの宣伝には乗らなかった「文壇」が今度は乗ったのである。勿論、それには石原氏の文学的才能という問題もあったが、すでにそれは「文壇」がジャーナリズムの商業主義にほとんど無抵抗であった事実を示している。

この評論は一九五六年の十二月に発表されている。一九五六年といえば、中野好夫の評論から採用された「もはや戦後ではない」という文言が、七月十七日に発表された経済白書「日本経済の成長と近代化」に掲載された年である。日本が高度成長へと向かう機運が明文化されたといってもよいだろう。文学が商業主義に飲まれ始めたという見解は、芸術の商品化という面を明確に表している。一九五五年の石原慎太郎の登場、そして前年の川崎長太郎ブームに対するジャーナリズムのあり方は、十返以外にも、平野謙などによって度々論じられていた。特に川崎長太郎においては、野口富士男がいうように「川崎長太郎は、不遇にもめげず実力でよく断崖をよじ登った作家の典型である」(『感触的昭和文壇史』)にも拘わらず、ジャーナリズムによって日の目を見るようになったという皮肉がある(野口と同様、個人的に私は川崎長太郎の芸術を高く評価している)。無論、脚光を浴びるようなタイプの作家ではなかったが、それがジャーナリズムによって持て囃されたところに、ジャーナリズムと文学の関係の親密さを見出すことができるだろう。少なくとも十返の指摘通り、商業主義と文学との関係は、ここに至って完全なる蜜月状態になったということである。

それに対し伊藤整は、十返の評論発表から三ヵ月後の一九五七年二月に、十返が文壇の崩壊を唱えたことに対しては、否定的な見解を示した。伊藤もまた、川崎長太郎ブームを小論の中心に添え、商業主義と文壇に対する見解を述べていた。当時の川崎長太郎は、一九五四年のブームの後、急激に増えた女性ファンとの様々な交渉を作品にしており、一作ずつ、豊橋の女工、東京の飲み屋の女、人妻等との関係を記していた。ジャーナリズムに持て囃された川崎長太郎の文学は、それに伴って創作活動の崩壊という憂き目を見ていると平野謙は述べ、臼井吉見もその事実に対し嘆いていた。伊藤もそれを否定せず、文壇崩壊現象を「この文壇、または文壇従属的判断と、花々しく興行化される作品の食いちがい、そして後者が前者に優越している形」と見做した。要するに批評家の判断よりも、興行化された作品の方に関心が向いていることを示したのである。しかし伊藤によれば、この興行化にも利点があって、今までの狭くかたよりがちだった文壇に無視された作家も、そこで活躍できる可能性を見出したと指摘した。変革を指摘した上で、伊藤は文壇の機能を改めて問い直している。

文壇が崩壊する前に、興行価値のみの作品がチンプになって次々と崩壊してゆく。文壇はおしつぶされそうに見えながら、新しい力を吸収して自己改革をする。長い時間のフルイにかけて、ニセモノをフルイに落としながら、良心と技術を維持する集団として、文壇は存在してゆくと私は信じている。

（「文壇は崩壊しない」）

十返肇と伊藤整の意見には、どちらもある真理が含まれているように思われる。このような論争が巻き起こっていた時に、『風景』は創刊された。商業主義と、伊藤の主張する「良心と技術を維持する集団」とのバランスをうまくとったところに、この雑誌を見直す意義がある。はたして、雑誌『風景』は、どのようにその均衡を保ったのだろうか。

○雑誌『風景』の文壇的背景

文壇崩壊の議論に反し、『風景』において、今まで言われてきた文壇が、文学史上、最もまとまりをみせたといっても過言ではない。これより以前、違う仲間たちの中で活動してきた人々が、共闘をみせたともいえる。これには先程いったように、同人雑誌の維持が難しくなったという側面もあった。

『風景』の成立には、戦前から続く文壇史の流れが大きく関わっている。舟橋聖一の下に集まったキアラの会が『風景』の運営母体となったが、この会が発足するまでに興味深い文壇史の背景があった。戦後、キアラの会が発足する以前にいくつかの呉越同舟的な同人があり、その時点では、新しい戦後派の作家も加わって、戦前に分裂していた様々な同人たちとの敵対関係もそれほど目立たなかったともいってよい。が、キアラの会では、初代日本文芸家協会会長の舟橋聖一の下に人が集まったということで、難しい問題が現れてきた。

舟橋聖一といえば、一九二〇年代から三〇年代にかけて、徳田秋声のあらくれ会に参加したり、新興芸術派の運動や田辺茂一と共に行動主義運動を展開した作家である。その運動も下火になった頃、当時明治大学で講師として共に教壇に立った小林秀雄に食堂で食事中に声をかけられ、その場で『文學界』同人になったこともあった。一九三〇年代は『文學界』と反『文學界』、あるいは文春派と新潮派という文壇の対立構造があって、田辺は中村武羅夫らと共に反文學界の立場をとっていたため、舟橋が小林の軍門に下ったことを非常に憤ったことはよく知られている。田辺と舟橋は、東京は落合の高千穂小学校の頃からの同級生であった。田辺は裏切られたと痛切に感じたようである。それほど二人の関係は深いものだった。このような経緯があるので、舟橋聖一は文壇全体に顔が利き、バランスのとれた人物に思われる。しかし、それは一面として事実ではあるが、この時代には同人誌の関係に加え、前の時代の慣習を引きずり、互いの出身学校が大きく関わっていた。

舟橋は、一九二八年、プロレタリア文学運動全盛の時代に、田辺茂一の紀伊國屋書店から金を援助してもらい、『文芸都市』なる非左翼系大同団結の同人雑誌を始めた。

主として、帝大系の「朱門」にいた、阿部知二、舟橋聖一、古沢安二郎が立案し、画策したのだが、関西の「辻馬車」からは崎山猷逸、同正毅、「青空」からは飯島正、小田嶽夫、早稲田派からは、浅見淵、尾崎一雄、小島勗、ほかに詩人で、北川冬彦、蔵原伸二郎それに和田傳、坪田譲治、梶井基次郎らも加わったように覚えている。プロレタリア派ではない、新人の大同団結であった。

今日出海、井伏鱒二、雅川滉〔成瀬正勝〕らは、すこしたってから、同人に成った。

この発表を、私は書店の階段の壁に、鋲でとめて、同人名を、飲み物札ように並べた。ヘルメット姿の中河與一が、ステッキ持ちながら、この標示を、三十分もの長い間、食いいるように眺めていた。この創刊誌の表紙は阿部金剛が担当した。

（田辺茂一『わが町・新宿』）

御覧の通り、『文芸都市』は東大派と早稲田派が大きな勢力となっている。一昔前なら、理知派といわれた東大派と、自然主義の牙城であった早稲田派が共に同人誌をやることになるなどというのは、難しいことであったろう。それがいわゆるプロ文派の勃興と、その勢いに押されて、大同団結という形をとらざるを得ない状況になった。今から文壇に躍り出ようとするものもなんとか対抗した形になる。

しかし、『文芸都市』が発足した段階でもまだ学閥による不協和が存在して、雑誌を始めて早い時期に東大派と早稲田派の両者が仲違いをし、早稲田派が同人から途中で抜けるというハプニングが生じてしまったのだった。すでに時代は、後に平野謙が論じた三派鼎立時代を迎えていたが、未だに前時代の学閥による派閥闘争の名残が続いていたということになる。それ以来、早稲田派の首領といえる尾崎一雄と舟橋聖一は、戦後に至るまで犬猿の仲として知られることになり、最も尾崎と親しい後輩であった丹羽文雄も、戦後、石川達三と共に、中間派作家の舟橋のライバルと目されるようになったから、早稲田派との関係はキアラの会が創立する頃もギクシャクとしたものとなっていた。その後も舟橋は早稲田派と因縁が深く、晩年にも、一九六九年から始まった第七次『早稲田文学』編集長、立原正秋に痛烈な批判を加えられるということがあった。

舟橋の下、キアラの会設立の中心となったのは、共に戦前、紀伊國屋書店出版部で働き『行動』の編集に携わっていた、豊田三郎と野口富士男である。会の最初期のメンバーは、舟橋聖一、豊田三郎、野口富士男、船山馨、北条誠、三島由紀夫、八木義徳という七名で、一九四九年の八月、キアラの会という名で会が成立するに至る（三島以外は『文芸時代』同人）。この中で極めて微妙な立場に置かれたのは、早稲田派の中でも、尾崎一雄や丹羽文雄に近かった八木義徳だった。舟橋は学閥云々で人を判断するほど料簡の狭い男ではなかったけれども、八木は先輩たちとの過去の関係性を考えて、難しい立場に置かれていた。

あとになってから考えると、八木には入会したくないというより、入会したために出身校のグループとの間になにかまずいことがあったのだろうと思うと、悪いことをしたなという気がしないでもなかったが、あのとき無理に承諾させていなかったら彼と私との今日のような交友は確実になかったはずだし、たとえ薄い縁にもせよ、彼と三島由紀夫や、その後キアラの会に入会した人びととの交際も生じていなかったはずである。八木に関するかぎり、私はお節介をやりすぎたかもしれないが、そのために彼からうらまれるようなことはしていないだろうと思う。和田芳恵と彼とは同郷の道産子だが、二人を引き合わせたのは私であった。おなじ道産子の船山馨も、和田を識ったのは私を通じてであったかもしれない。戦時中大衆雑誌の編集をしていた和田は、自身と同年あるいは年長の作家と数多い交際をもっていたが、若い作家とは比較的疎遠であった。（野口富士男『感触的昭和文壇史』）

野口の証言通り、八木にとっては苦渋の決断であったようである。八木は丹羽文雄の主宰した戦後の『文学者』の立ち上げを、宮内寒弥、石川利光などとともに進言した人間の一人に数えられていたのだった。だから、八木の躊躇は当たり前のことであったが、この八木のキアラの会の加入が無ければ、『風景』が勢力のバランスのとれた雑誌にはならなかったであろう。この後約十年後に始まる『風景』では、初代編集長野口富士男の下、慶応、早稲田を中心に出身者の均衡が図られた。同じ号で早稲田の人ばかりだとか、慶応ばかりの人だということにならないようにするということが、この雑誌が最後まで貫き通した信念であった。八木のキアラの会への加入と、初代編集長の野口の配慮がなければ、雑誌は戦前に舟橋や尾崎たちがやっていた『文芸都市』の二の舞を演じていたかもしれない。文壇の内実に精通していた、野口の優れた手腕とみることができるだろう。

八木義徳の加入は、結果的に似たような作風の野口富士男や和田芳恵などとの生涯の親交の礎となり、キアラの会は新たな人を入れたりしながら、雑多な作家の集まりとなって、『風景』を支えた。『風景』発刊時には、舟橋聖一、野口富士男、船山馨、北条誠、八木義徳、有馬頼義、源氏鶏太、芝木好子、井上靖、有吉佐和子、林芙美子、吉行淳之介、日下令光らがキアラの会の会員となり、最終的には澤野久雄、遠藤周作、北杜夫、三浦朱門、水上勉などが加わった。

このキアラの会に雑誌の編集を任せようと目をつけたのが、舟橋の親友でもあり、野口のかつての雇い主であった田辺茂一であった。田辺は、都内の有力書店主によって結成された悠々会の会長の地位にあって、新刊を扱う本屋は値引き販売ができずサービスが何もできないので、顧客に無料で配布できるような雑誌を作りたいと前々から画策していた。そこで編集のできる野口などの人材が揃う、キアラの会に目星をつけたのである。野口らに説得された舟橋は、それを承諾し、編集はキアラの会が行い、金銭面の援助は悠々会が行うという完全なる分業によって雑誌を運営する体裁が整っていった。

○雑誌『風景』の内容

田辺茂一による「金は出すが口は出さぬ」という決め事により、雑誌『風景』創刊に向けての動きが始まった。初代編集長野口富士男を筆頭に、四人から六人の編集委員を揃え、合議制で運営が行われた。部数三万部となった。現在ではちょっと想像もつかぬ数字で、当時でも文芸誌としては多い発行部数である。これは田辺の大胆さを象徴的に表すものといえるだろう。先に、なぜ『風景』をわざわざここで取り上げるのかということを述べたが、それはまさに本格的な商業主義の到来に対し、巧みな広告戦略を取り入れ、文学という芸術の質を落とさずに、十五年以上の間、雑誌を続けたことが画期的だからである。出版界で売れはしないものの、実力がある、あるいは今後の活躍を大いに期待できる作家に対して門戸を開いていた点も、大変に評価できる点であった。

雑誌の中身を見てみると、創刊号から最終号の第一八七号まで一貫して六四ページに抑えられていることがわかる。これは戦前の『行動』がページ数を増やし過ぎたために成り立たなかったという、彼らの経験からきていた。

創刊号は一九六〇年十月に発売され、定価三〇円。これは悠々会加盟店が割り当てられた分の冊数を買う時の値段であって、書店では無料で配られていた。表紙の画は最終号まで一貫して挿絵画家の風間完が手がけている。これも『風景』の売りの一つで、パリ各地の風景を淡い配色を施して書かれており、とても無料とは思えない豪華な表紙となった。ちなみに風間完の実の妹は、冒頭に出てきた十返肇の妻となるエッセイストの十返千鶴子で、この辺りも妙な繋がりが見え隠れしている。

創刊号の表紙は、パリの北西の郊外にあたるガブリエル通りが描かれ、背表紙は「楽しいお買い物の散歩道…」との文句が入った、紀伊國屋書店と同じ通りにある伊勢丹の広告が刷られており、雑誌の裏にはサッポロビールの広告が打たれている。六四ページの内、二四ページが各出版社の広告に割かれ、ここからの広告料によって、無料配布が可能となった。以下は雑誌『風景』に打たれた広告の内容である。

角川書店『現代女性講座』全一八巻（1）
新潮社 石原慎太郎『挑戦』・北杜夫『夜と霧の隅で』（1）
文芸春秋 亀井勝一郎『古代智識階級の形成』・丹羽文雄『鎮花祭』・海音寺潮五郎『武将列伝』・松本清張『日本の黒い霧』（1）
角川新書 有馬頼義『夜の配役』・大岡昇平『真昼の歩行者』・松本清張『空白の意匠』、そ

の他五名（1）

新潮社『日本文学全集』『世界文学全集』（2）

角川書店　川喜田二郎編『鳥葬の民チベット人』・五味康祐『八百長人生論』、その他五名（1）

中央公論社 北杜夫『どくとるマンボウ航海記』・井上靖『河口』（2）

中央公論社『世界の歴史』全一六巻・倉橋由美子『パルタイ』・大江健三郎『青年の汚名』・堀田善衛『零から数えて』・『菊池寛文学全集』（3）

筑摩書房『新選現代日本文学全集 佐多稲子集』、その他一一名（2）

河出書房新社 ロレンス・ダレル『ジュスティーヌ』高松雄一訳・『世界文学全集』（2）

光文社 松本清張『波の塔』、その他二一作（3）

講談社 伊藤整『日本文壇史』、その他二四作（3）

筑摩書房『世界の歴史』全一七巻（1）

三一書房 五味川純平『歴史の実験』、その他三名（1）

カッコ内に書いてある数字は掲載ページ数である。掲載順にここに抜き出しみると、各社三ページずつくらい広告を掲載していることがわかる。各社が同じ雑誌にこれだけ広告を打っているというのも、今ではちょっと考えられないような状態であった。この状況は高度経済成長によって生み出されたもので、一九五〇年代後半から、広告収入の増加に伴った週刊誌の創刊が相次いでいたことに関連している。

『週刊新潮』が五六年に創刊されたということは先にふれたが、このときから雑誌による出版界の高度成長は始まったといってよかった。これは同時に、映像中心のテレビ時代に対応する雑誌社側の戦略でもあった。また、五六年という年は、出版社にとって広告収入が（入り広）が、他の媒体に広告を出す金額（出し広）をはじめて上回った年であり、以後今日に至るまで広告あっての雑誌という性格が定着している。（『雑誌メディアの文化史』）

総合誌では『週刊新潮』（新潮社、一九五六年）を皮切りに『週刊文春』（文藝春秋社、一九五九年）『週刊現代』（講談社、一九五九年）、女性誌では『週刊女性』（主婦と生活社、一九五七年）『女性自身』（光文社、一九五八年）、漫画系では『週刊少年マガジン』（講談社、一九五九年）『週刊少年サンデー』（小学館、一九五九年）、芸能系では『週刊大衆』（双葉社、一九五八年）など、今でもコンビニエンスストアで見かけるような週刊誌は、この時代に一斉に創刊されたといってもよい。ここに挙げたのはその中のごく一部である。この時期に出版されている雑誌は、多くは新聞社から出されたものではなく、出版社から出ているということを見逃してはならない。新聞社系週刊誌では『週刊朝日』（朝日新聞社、一九二二年）、『サンデー毎日』（毎日新聞社、一九二二年）、『アサヒグラフ』（朝日新聞社、一九二三年）が関東大震災直前の、大正デモクラシー期に創刊されている。文学史的にはプロレタリア文学が徐々に出てきた時であって、一九五〇年代の一連の流れと合わせてみると、他のメディア媒体と文学との関係がいかに深いものか理解されるだろう。

一九五〇年代の出版社系週刊誌の登場は、新聞社系週刊誌の筆頭である『週刊朝日』の、大幅な売り上げの増加に触発されたものであった。当時の『週刊朝日』には扇谷正造なる大編集長がいて、十万部台の売り上げを一気に一五〇万部にするという大躍進を成功させていたため、そこで出版社系週刊誌はその恩恵に与ろうとしていたのである。ところが、出版社系週刊誌は販売ルートや取材力が欠如していたので、販売を書店ルート以外に鉄道弘済会と新聞販売スタンドに引き受けてもらい、取材力の欠如の問題に対しては、出版社ならではの利点、つまり大衆の娯楽になると思われる記事の選定をした。特にその主戦力となったのがゴシップ記事である。新聞社よりも軽く、楽しく読めるということが出版社系の主な特徴であった。

これにはもちろん、同時期に興ったテレビのマス・メディアへの参入という面も作用している。主戦場が週刊誌とは違うと思われるかもしれないが、社会は連動的に動いているため、マス・メディアという大きな視野で見れば、テレビも外すことのできない重要媒体となる。テレビの普及と出版社系週刊誌の発生は、日本の高度経済成長に欠かせない現象であり、出版社側は闘うべく相手としてのテレビ、そして新聞社系週刊誌と、追い風としての広告収入とがこの時期の経営方針を決定づけていた。先日私が書いた「文芸復興前史」（『江古田文学』九四号）でも述べたことだが、乗り越えられるべき対象と、それを手助けするものがあるとき（例えば、文芸復興なら古典や海外の文学）、新しいものが生み出される場合が多い。この現象は、戦前に新聞社系週刊誌が登場した時と同様で、出版社系週刊誌としのぎを削ったのがテレビだったのに対し、新聞社系週刊誌は一九二二年から放送が始まった、ラジオと時期を同じくして雑誌が登場するといった具合であった。

テレビの状況を見てみると、いかに出版社系週刊誌とテレビとの関係が深いかを確かめることができる。一九五三年にNHKで開始されたテレビ放映は、五五年にはラジオ放送（現・TBS）の開局、五九年二月に日本教育テレビ（現・テレビ朝日）、三月、富士テレビジョン（現・フジテレビ）開局を経て、四月一〇日の皇太子御成婚の中継をきっかけに一般に普及するようになり、翌一九六〇年九月一日、雑誌『風景』が創刊される一カ月ほど前に、カラー本放送が開始されるという流れである。ほとんど出版社系週刊誌の流れと時を同じくしており、テレビ業界が発展していたことがわかる。テレビや新聞社系週刊誌と競うとなると、娯楽面を強調せざるを得ないことは明らかで、いわゆる純文学の形態も変わり、中間小説が小説の主流になっていった。一九六〇年の『小説中央公論』（中央公論社）の創刊と、六三年の『小説現代』（講談社）に見られる第二次中間小説ブームもまた、テレビとの関係性で見ると分かりやすい。また今では巷でよく見られるようになった、顧客に無料で配布されるフリーペーパーも戦後から地方の各地で見られるようになっていたが、全国規模、あるいは大都市で頻繁に配布されるようになったのは、一九五九年に電通の『アパート・ウィークリー The KEY』の出現に端を発する。

これらの現象は出版社の完全な商業主義時代の突入を意味し、次第に人々の娯楽に重点が置かれるようになっていく。その中で『風景』は編集部と経営部門を完全に分け、できるだけ娯楽面を排除することに成功したのである。新しい経営戦略の下、かつて雑誌の編集に携わったことのある野口富士男や吉行淳之介をはじめとする、一昔前の気質を持った編集部が企画を全て行い、最後まで経営状態に左右されず、商業主義によってぶれない姿勢が功を奏したといえる。この雑誌の文学的成功は、経営陣と編集部がほとんど接点を持たなかったことである。それは商業と芸術の分裂につながり、経済成長期の中でも芸術を維持することを可能にした。これが『風景』を考える上での最大の見所である。編集部は収入を考えずに、文学愛好者だけを考えて、雑誌を作っていった。その編集部の工夫を見るために、ここからは創刊号の内容を少し見ていくことにしたい。

このラインナップをざっと見てみると、純文学、大衆小説、評論家が満遍なく採用されていることがわかる。ほとんど隙のない、見事なバランスで取り入れられているが、その中でも読者の関心を引く細かい工夫がなされている。まず興味深いのは、『文壇』崩壊論」を書いた十返肇が文芸時評を担当していることである。「文壇」雑誌の様相を呈した記事の中で、当時の人は十返の名に目を奪われただろう。そして書評では八木義徳によって北杜夫の芥川賞受賞作が取り上げられ、随想には『週刊新潮』で伝説となった『眠狂四郎』シリーズで、一大剣豪小説の立役者となった柴田錬三郎の名がある。

さらに注目すべきは対談で、今でも保守派と見做される福田恆存と三島由紀夫との対談が組まれている。これも時代を象徴することで、冒頭でも述べた通り、この創刊号が発売された数日後には、社会党委員長浅沼稲次郎が右翼少年の山口二矢に刺殺される事件が起きていた。六月に新安保阻止の運動が各地で起こったこともあり、保守派と革新派の論争は、人々の関心が向くところでもあった。無論、そのような視点で『風景』を手に取るものなどほとんどいなかっただろうし、『風景』には政治的な傾向は全くといっていいほどなく、むしろ左寄りの人も多かった印象を受けるが、話題性という意味では非常に大きなものだったであろう。この二人に政治には関係のない、演劇と文学を、つまり芸術をまじめに放談させたところに、読者は好奇心をそそられたのではなかろうか。ちなみに創刊の二カ月後に福田は、国語国字改革の集大成となる、歴史的仮名遣いのすすめを書いた『私の國語教室』を出版し、その翌月に三島は、波紋を読んだ短編小説『憂国』を発表している。

この対談という形式こそ、雑誌『風景』の最大の魅力なのではないかと私は思う。対談は、すらすらと読め、作家個人を小説やエッセイとは違った見方で見ることができるから、文学愛好家の関心を引いたのではないだろうか。野口富士男が、対談のセッティングを最も苦労したところと回顧していたが、その苦労もあって、対談こそ『風景』最大の魅力になった。雑誌に掲載された文章が極めて短い記事だったということも、はじめに話した、まだ中学生だったH氏にも手の届くものとなった所以であろう。一人ひとりに注文を出さなくてはいけないから、編集部の人たちは大変だったに相違ないが、それが大きな特徴でもあった。

このようにして『風景』は、足かけ十七年の間、雑誌の体裁を変えず、存続していくこととなる（吉行の提案により、小説は一本から二本に変更された）。時代の流れにうまく乗りながら、経営陣と編集部が全く無関係な状況であったという独特な形態が、『風景』を作り出していたのだった。

○おわりに

雑誌『風景』は、中心となっていた舟橋聖一の死により、一九七六年四月をもって廃刊となった。終始、興味深いラインナップで、雑誌での連載を単行本化したものもいた。そんな中でも、丸谷才一の激賞により、見事に返り咲いた和田芳恵の晩年の歩みは、最も輝かしいものであったかもしれない。『風景』は多くの人々の記憶に刻まれたという点でも、文学的にはおおざっぱに見て成功したといっても良かったのではなかろうか。頑固に初心を守り抜き、それなりの名声を得ている者に執筆者になってもらって読者のターゲットを絞ったことは、この雑誌の価値を極限まで高めたところであった。『風景』に書いてみたいと思った若者も多かっただろう。執筆者は戦後生まれの人々にまで至り、創刊当時まだ中学生であった中上健次や立松和平が、最も若い書き手となった。

しかしながら、文学的成功とは裏腹に、途中からは経済的に大変苦しい状態にあったようである。最終号で田辺茂一は、以下のように述べている。

広告収入の面では、私は一度だけ、創刊当時だけ、有力筋の大出版社を歴訪し、厚情を戴いたが、以来、今日迄の十数年、まったくご無沙汰し、ご挨拶に出向いたこともない。悠々会のおかげであった。

だが、最初のうちは、予算、決算をその都度、年一回報告してきたが、三年目位からは、どうも、インフレの経過もあって、赤字続きであった。月十数万の赤字だから、年間で百十数万の赤字となる。

その赤字を、悠々会々員に割り振りするわけにもいかない。私は多少、身から出たサビだから、その尻を自分で拭くことにしていた。今更、赤字の総額などを報告しても致し方ないが、年月を加算すると、二千万ちかくになろうかと思われる。

私もまだ、道楽するほどの財力はないのである。ここ数年、だから「風景」の発行は、私の重荷となっていた。

ということは、むろん、最初に述べた私の飽きっぽさにも原因はある。

身から出たサビとはいえ、当時としてみれば巨額の赤字である。最後まで黙っていた田辺茂一の悲痛な叫びといってもよかろう。それでも盟友の死まで続けたことは、大いに称賛されるべきことである。経営陣とは別に、編集部からも、最終号の座談会において、最後の編集長の吉行からの限界を感じる声が、初代の野口に伝えられていた。

こないだ電話で吉行君と話していたときに、彼、名言を吐いた。外部でみんな惜しいといっていると伝えたら、寝ていてこういう雑誌が配達されてくるんなら、ぼくだって惜しいと思いますよっていってた。その通りなんだ。

これを読むと、商業的には成功したとはいえず、編集部の負担も並大抵のものではなかったようである。高度資本主義経済の到来は、芸術の独立性を維持することを極めて困難なものにしてしまったともいえるかもしれない。今でも芸術と商業は、それを抜きにしては語ることのできない間柄になっている。純文学作家や評論家のほとんどが、文学だけでは食べていけない時代になってしまった。

そして、雑誌『風景』廃刊となった一九七六年には、カラーテレビの普及率が、現代とほとんど変わらぬ九四％という高水準に達したのだった。

あとがき

私は学生の頃、キリスト教神学や西洋哲学を学んできました。文学に関しては、聖書学を少し齧っただけで、本格的な教育は受けていません。しかしながら、人間の内面の問題に深い関心を抱いている私は、人文学を、いわば外部に起こる現象ではなく、内面を探究する「汝自身を知る」ための学と捉えているので、余技として、東西の古典を主に文学作品にも目を通してきました。

本の読み方に関して、私は常日頃から、四つの段階を独自に考えていました。第一に、暇つぶしに本を読む方法、第二に、知的欲求を満たすための方法、第三に、慰藉を求める方法、そして最後に、過去の自らの経験に照らし、それを言葉化し、よりその経験を客観的に深めるための内省の方法です。

例えば同じ場所を何度通っていても、歩いている時と、車で通る時とでは、景色の見え方が違います。出発地点を変えれば新たな発見が生まれ、その土地の背景を知れば、また見え方が異なって、さらに目が開かれます。これを内面の事象として置き換えると、私の考える内省の読書になります。本の助けを借りて、再び過去の経験は照らし出されます。つまり、今まで体験してきたことが、人の書いた活字によって深まっていく読み方です。

私の読書が自らの経験の上に立っている以上、どうしても、第三と第四の読み方が中心になっていきました。そもそも私は、幼少期から根っからの本好きというわけではありません。むしろ人より明らかに活動的で、外で遊ぶ方が好きなタイプの子供でした。自分が興味のない事柄については、まるで関心が無く、十分と椅子に座ってもおられず、常に本を読む根気などなかったのです。ところが、多少の経験と思い出が増えるたび、過去を懐かしみ、感傷に浸るようになって、二十歳くらいから突如、内面の道が拓かれ、内省的な人間になっていきました。知的関心は専ら自分を中心に広がり、読書遍歴も自らの心境に大きく左右され変遷していきました。

以上に書いたいくつかの論文も、しっかりした目的意識を持って書いたというよりも、霊感の赴くままの読み方で、気が向いた時に書き記しておいたものです。その中でもこの評論集では、慰藉を求める第三の読み方について、私が愛して止まない私小説を中心に文章を並べました。

私小説を読むようになって、私は知的な次元とは別のレベルの読み方を感じました。いわば、知的欲求よりも信の領域にある読み方、要するに先に挙げた第三の方法として、私小説を捉えていきました。私には、私小説は大きな慰めになったのです。次第にその違いは何であろうかと考え、結果的に古典的な方法論である、知と信、知識と信仰、距離の問題、ないしは自らの体験から生じた、男女関係の類比的な概念が頭に過り始めました。そうしたら、どうも私以外にも、過去に同様の疑問を求めた人がいる。それらに目を通し、考察を深め、信のレベル、宗教の次元に至る文学を探究し始めました。

私は特に意識していなかったのですが、結果的にその試みは、西洋中世の聖書釈義で用いられる、例えばオリゲネスの字義的、道徳的、霊的、聖ヒエロニムスの字義的、比喩的、神秘的解釈、さらにこれらの援用である十九世紀の哲学者、セーレン・キルケゴールの実存の三段階、美的、倫理的、宗教的段階の概念に大変に近いものとなりました。

私小説には、美や知や倫理を超えた、神秘的、宗教的な側面がある。一部の人に寄り添い、慰め、救い出す文学であるというのが、前半部の中心的な主題になっています。私は神秘思想にも興味を持っていますが、何故そのような私が私小説に惹かれていったかを、僭越ながら自分の中で解明したつもりです。「ドイツの自伝小説と日本の私小説」「救済の文学」「創作者と読者との神秘的邂逅」「文学より神秘へと至る道」の四編は、私小説ほか、私が同様の読み方をした、近代の文学についての考察を加えた文章です。ただ、私が特段、私小説を、いわゆる純文学の本道であるとは考えていないことを、予めお断りしておきたいと思います。

後半部は、自分の関心に合わせ、文学史の探求として、以前から書いていた文章になります。これらは、日本の近代文学史を中心に、自分が興味を抱いた問題を何の関連性もなく記したものです。それぞれ独立した形で、どこからでも読めるものとなっています。

そして最後になりましたが、躊躇していた私に本を出版することを進めて下さった先輩諸氏と、それを引き受けて下さり、右も左もわからない私に付き合ってアドバイスを下さった、田畑書店の大槻慎二社主には、この場を借りて心よりお礼を申し上げます。ありがとうございました。

岸間卓蔵

参考文献

【Ⅰ】


上林暁「私小説十年」『上林暁全集』第一八巻所収、筑摩書房、一九八〇年。

鈴木地蔵『市井作家列伝』、右文書院、二〇〇五年。

田山花袋『蒲団・重右衛門の最後』改版、新潮社、二〇〇三年。

谷崎潤一郎『陰翳礼讃・文章読本』、新潮社、二〇一六年。

藤原道綱母『蜻蛉日記』今西祐一郎校注、岩波書店、一九九六年。

渡辺京二『逝きし世の面影』、平凡社、二〇〇五年。

丹羽文雄『小説家の中の宗教 - 丹羽文雄宗教語録』大河内昭爾編、桜楓社、一九七一年。

田口貞夫『ロシア宗教思想史』、ぺりかん社、一九七七年。

川崎長太郎「私小説家」『夕映え』所収、河出書房新社、一九八三年。

ルイ・ブイエ『キリスト教神秘思想史1 - 教父と東方の霊性』上智大学中世思想研究所監修・訳、平凡社、一九九六年。

ドストエフスキー『白痴』(一) 望月哲男訳、河出書房新社、二〇一〇年。

大杉栄「岩野泡鳴氏を論ず」『大杉栄・伊藤野枝選集』第一二巻所収、黒色戦線社、一九八九年。

徳田秋聲「心境から客観へ」『徳田秋聲全集』第二一巻所収、八木書店、二〇〇〇年。

レフ・トルストイ「芸術とはなにか」『トルストイ全集』第一七巻所収、中村融訳、河出書房新社、一九七三年。

H・R・ヤウス『挑発的としての文学史』轡田収訳、岩波書店、二〇〇一年。

ギュスターヴ・フローベール『ボヴァリー夫人』芳川泰久訳、新潮社、二〇一五年。

R・C・ホルブ『「空白」を読む』鈴木霜訳、勁草書房、一九八六年。

エーリッヒ・アウエルバッハ『ミメーシス－ヨーロッパ文学における現実描写』（下）篠田一士、川村二郎訳、筑摩書房、一九九四年。

河上徹太郎『河上徹太郎全集』第一巻、勁草書房、一九六九年。

山本健吉『私小説作家論』、福武書店、一九八三年。

松原新一『「愚者」の文学』、冬樹社、一九七四年。


【Ⅱ】

平野謙「女房的文学論」『昭和文学全集』十七巻所収、小学館、一九八九年。

鈴木大拙「東西雑感」『東洋的な見方』、岩波書店、二〇一四年。

高階秀爾『日本近代の美意識』、青土社、一九七八年。

吉川幸次郎「東洋の文学―日本文学者に」「思夢と愕夢―日本文学のために」『昭和文学全集』三十三巻所収、小学館、一九八九年。

谷崎潤一郎ほか編『日本の文学〈9〉徳田秋声』、中央公論社、一九六七年。

夏目漱石『文芸の哲学的基礎』、講談社、一九七八年。

『日本現代文学全集』二七、講談社、一九六八年。

『逍遥選集』、第一書房、一九七七－一九七八年。

『鷗外全集』、岩波書店、一九七一－一九七五年。

『漱石全集』、岩波書店、一九七四－一九七六年。

【Ⅲ】

『正宗白鳥全集』、新潮社、一九六五-一九六八年。

『小林秀雄全集』、新潮社、一九七八-一九七九年。

『広津和郎全集』、中央公論社、一九七三-一九七四年。

『トルストイ全集』、河出書房新社、一九七二-一九七八年。

千葉俊二・坪内祐三編『日本近代文学評論選 昭和篇』、岩波書店、二〇〇四年。

高見順『昭和文学盛衰史』、講談社、一九六五年。

『大宅壮一全集』、蒼洋社、一九八〇-一九八二年。

『伊藤整全集』、新潮社、一九七二-一九七四年。

『日本プロレタリア文学評論集』、新日本出版社、一九九〇年。

野口冨士男『感触的昭和文壇史』、文芸春秋、一九八六年。

田辺茂一『わが町・新宿』、紀伊國屋書店、二〇一四年。

吉田則昭・岡田章子編『雑誌メディアの文化史-変貌する戦後パラダイム』、森話社、二〇一二年。

植田康夫『雑誌は見ていた-戦後ジャーナリズムの興亡』、水曜社、二〇〇九年。

新宿歴史博物館特別展図録『田辺茂一と新宿文化の担い手たち-考現学、雑誌「行動」から「風景」まで-』、新宿区教育委員会、一九九五年。

【初出誌一覧】

Ⅰ　救済の文学
ドイツの自伝小説と日本の私小説　書き下ろし
救済の文学　書き下ろし
創作者と読者との神秘的邂逅　書き下ろし
文学より神秘へと至る道　書き下ろし

Ⅱ　日本の文芸において
文芸の土壌問題　「表現者」75　平成29年11月
オイコス的芸術観　「表現者」76　平成30年1月
日本近代文学の土壌に流れる二つの水脈　「江古田文学」93　平成28年12月

Ⅲ　文学史研究
トルストイとリアリズムに関する三つの考察　書き下ろし
文芸復興前史　「江古田文学」94　平成29年3月
雑誌『風景』について　「江古田文学」95　平成29年7月

【著者紹介】

岸間卓蔵（きしま　たくぞう）
1989年、千葉県生まれ。上智大学大学院神学研究科博士前期課程修了。平成生まれのゆとり世代。東京環状国道16号線沿線に在住。

田畑書店

救済の文学

2019 年 4 月 15 日　印刷

2019 年 4 月 25 日　発行

著 者　岸《きし》間《ま》卓蔵《たくぞう》

発行人　大槻慎二

発行所　株式会社 田畑書店

〒 102-0074　東京都千代田区九段南 3-2-2　森ビル 5 階

tel 03-6272-5718　fax 03-3261-2263

装幀・本文組版　田畑書店デザイン室

印刷・製本　中央精版印刷株式会社

Printed in Japan

ISBN978-4-8038-0358-7 C0095

定価はカバーに表示してあります

落丁・乱丁本はお取り替えいたします